edition suhrkamp 2168

Dem Recht wohnt beides inne: das Erinnern und das Vergessen. Es kann noch nach Jahren verlangen, daß ein Täter für seine Tat und Schuld bestraft wird. Es kann aber auch fordern, daß Vergangenes ad acta gelegt wird und daß die Bestrafung und Wiedergutmachung von Unrecht der Erhaltung des Rechtsfriedens geopfert wird. Weil dem Recht beides innewohnt, führt seine Instrumentalisierung in die eine wie in die andere Richtung zu einem Konflikt, der auch einen Konflikt zwischen Rechtsstaat und Gerechtigkeit birgt. Bernhard Schlink, dessen Bestseller *Der Vorleser* u. a. von gegenwärtiger Verstrickung in vergangene Schuld handelt, legt diesen »inneren Konflikt des Rechts« am Beispiel der rechtlichen, besonders strafrechtlichen Bewältigung sowohl der nationalsozialistischen als auch der kommunistischen deutschen Vergangenheit dar. Eine der entscheidenden Fragen gilt dabei dem verfassungsrechtlich verbürgten Rückwirkungsverbot. Darf Vergangenes rückwirkend bestraft und kann es dadurch ausgegrenzt oder muß es anders in die kollektive Biographie integriert werden? Den spezifischen Beitrag des Rechts zur Bewältigung von Vergangenheit erkennt Schlink in der Art und Weise der Konstruktion und Integration von Vergangenem, in den Formen und Verfahren, die das Recht dafür bereithält. Diese Formen und Verfahren sind der spezifische Beitrag des Rechts zur politischen Kultur überhaupt.

Bernhard Schlink, geboren 1944, ist Professor für Öffentliches Recht und Rechtsphilosophie an der Humboldt-Universität zu Berlin und Richter des Verfassungsgerichtshofs für das Land Nordrhein-Westfalen in Münster. Zuletzt erschienen: *Der Verfassungskompromiß zum Religionsunterricht* (2000; gemeinsam mit R. Poscher), *Polizei- und Ordnungsrecht* (2002; gemeinsam mit B. Pieroth und M. Kniesel), *Liebesfluchten* (2000) und *Selbs Mord* (2001).

Bernhard Schlink
Vergangenheitsschuld und
gegenwärtiges Recht

*Rainer
herzlic ... uel.

Schlink
1. Juli 2002*

Suhrkamp

Für Michael Schröter

edition suhrkamp 2168
Erste Auflage 2002
© Suhrkamp Verlag Frankfurt am Main 2002
Originalausgabe

Satz: Jung Crossmedia, Lahnau
Druck: Nomos Verlagsgesellschaft, Baden-Baden
Umschlag gestaltet nach einem Konzept
von Willy Fleckhaus: Rolf Staudt
Printed in Germany

1 2 3 4 5 6 – 07 06 05 04 03 02

Inhalt

Vorwort

Schuld betrifft stets Vergangenes. Daß sie nicht nur vergangenes Verhalten einzelner Menschen, sondern die Vergangenheit betrifft und einen ganzen Abschnitt der Geschichte und noch die nachfolgende Gegenwart verdunkelt, ist die besondere Erfahrung nach dem Dritten Reich. Der Schatten des Holocaust reicht weit und hat die Vergangenheitsschuld generationenübergreifend zum Thema werden lassen.

Die Beiträge des Bandes sind während der letzten 15 Jahre enstanden. Sie beginnen mit der Frage nach der Schuld der Kriegs- und der Nachkriegsgeneration, beschäftigen sich mit dem Versuch der rechtlichen und gerichtlichen Bewältigung der kommunistischen Vergangenheit, fragen nach der Möglichkeit der Bewältigung von Vergangenheit durch Recht allgemein und kehren zum Umgang mit der nationalsozialistischen Vergangenheit zurück, zum einen in der Staatsrechtswissenschaft und zum anderen in der Gesellschaft überhaupt. Sie sind Stationen der Vergewisserung über die Bedeutung der Vergangenheitsschuld für die Gegenwart und über die Rolle, die gegenwärtiges Recht für die Bewältigung von Vergangenheitsschuld spielen kann. Die Frage nach dieser Rolle wurde nach 1989 von einer theoretischen zu einer praktischen Frage an meine Generation von Richtern, Staats- und Rechtsanwälten und Rechtswissenschaftlern. Sie blieb eine Frage Schatten des Holocaust und wurde oft diskutiert, als sei in der

Bewältigung der kommunistischen Vergangenheit gewissermaßen nachzuholen und wiedergutzumachen,
was in der rechtlichen und gerichtlichen Bewältigung
der nationalsozialistischen Vergangenheit versäumt
worden war.

Im Verlauf der letzten 15 Jahre habe ich manches anders sehen gelernt. Als ich den ersten Beitrag schrieb,
war mein Vertrauen, die Verstrickung in die Vergangenheitsschuld werde enden, größer als heute. Mein Urteil
über die geringe Beschäftigung mit der Vergangenheit
in den fünfziger Jahren war strenger; wie ich schon in
den USA nach dem Vietnamkrieg hätte sehen können
und in den neuen Bundesländern nach dem Fall der
Mauer gesehen habe, bedarf es nach historischen Veränderungen keines besonderen Willens zum Vergessen
und Verdrängen, sondern gibt es einfach eine Erschöpfung, die vor den Aufgaben der Zukunft zur Beschäftigung mit der Vergangenheit zunächst keine Kraft läßt.
Ich habe auch gelernt, daß der Beitrag des Rechts zur
Bewältigung der Vergangenheit weniger in dieser oder
jener Entscheidung als in der Bereitstellung von Formen und Verfahren für das Finden der notwendigen
Entscheidungen liegt.

Alle Beiträge wenden sich an juristisch Interessierte,
setzen aber keine juristischen Kenntnisse voraus. Vier
Beiträge wurden zuerst als Vorträge gehalten und zur
Diskussion gestellt, der erste in der Evangelischen Aka-
demie Loccum, der zweite und der dritte an der Hum-
boldt-Universität zu Berlin und der vierte am Max-
Planck-Institut für Europäische Rechtsgeschichte in
Frankfurt am Main auf einem Symposion zu Ehren von
Michael Stolleis.

Ob es speziell um Vergangenheitsschuld und gegenwärtiges Recht oder allgemein um die Gegenwart der Vergangenheit ging – Weggefährte bei meiner theoretischen wie auch literarischen Beschäftigung damit war stets mein Freund Michael Schröter. Ich widme ihm diesen Band in Dankbarkeit für gute Gespräche und klugen Rat und in Freude über das Glück unserer Freundschaft.

Berlin, Februar 2002   *B. S.*

Recht – Schuld – Zukunft

I.

Für den Juristen bedeutet Schuld Vorwerfbarkeit. Schuldig ist, wen der Vorwurf trifft, er habe sich rechtswidrig verhalten, obwohl er zu rechtmäßigem Verhalten fähig war. Die Fähigkeit zu rechtmäßigem Verhalten setzt Einsicht und das Vermögen voraus, entsprechend der Einsicht zu handeln.[1] Nach geltendem Recht eignet sie dem Erwachsenen voll, dem Jugendlichen bedingt und fehlt sie dem Kind; bis zum Alter von 13 Jahren ist man schuldunfähig und strafunmündig, zwischen 14 und 17 Jahren richten sich Schuldfähigkeit und Strafmündigkeit nach der individuellen Altersreife, und der Heranwachsende, der 18- bis 20jährige, wird zwar wie ein Erwachsener als schuldfähig und strafmündig angesehen, aber je nach individueller Entwicklung, Umweltbedingungen und Tatqualität u. U. wie ein Jugendlicher behandelt.[2]

Juristisch und arithmetisch korrekt läßt sich die folgende Rechnung aufmachen: Von den gegenwärtig le-

Dieser Beitrag erschien zuerst in: Jörg Calließ (Hg.): *Geschichte – Schuld – Zukunft* (Loccumer Protokolle 66), Rehburg-Loccum 1988, S. 57-78.

1 Das ergibt sich aus der Regelung der Schuldfähigkeit in §§ 20f. StGB; vgl. dazu H.-J. Rudolphi, in: *Systematischer Kommentar zum StGB*, Stand Mai 1987, vor § 19 Rn. 5; R. Lange, in: *Leipziger Kommentar zum StGB*, Berlin/New York ¹⁰1985, § 21 Rn. 4.

2 Vgl. § 19 StGB, §§ 1 Abs. 2, 3 und 105 JGG; dazu R. Brunner, *Jugendgerichtsgesetz*, Berlin/New York ⁸1985, § 21 Rn. 4.

benden Deutschen können vor dem 9. Mai 1945 nur
die schuldhaft gehandelt haben, die heute mindestens
57 Jahre alt sind. Dabei gilt, daß damals die heute 57- bis
61jährigen Jugendliche, die heute 62- bis 65jährigen
Heranwachsende und erst die heutigen Rentner und
Pensionäre Erwachsene waren. Das sind rund 19 % der
Deutschen beider Staaten, im Jahr 2000 werden es noch
rund 15 % und im Jahr 2010 noch rund sieben Prozent
sein, und im Jahr 2025 wird kein Deutscher mehr leben,
der im juristischen Sinn Schuld an dem tragen kann, was
vor dem 9. Mai 1945 geschehen ist.[3] Das Ergebnis der
Rechnung ist, daß die Deutschen ihre Schuld einfach
aussitzen können, daß Freiheit von Schuld nicht die
Gnade, sondern das Recht der späten Geburt ist.

Im juristischen Sinn kann nur der einzelne und kann
der einzelne nur für sein eigenes Verhalten schuldig
sein. Auch wenn er nicht Täter, sondern Teilnehmer ist,
d. h. jemand anderen anstiftet oder durch Beihilfe unterstützt, ist es das eigene Anstifter- oder Beihelferver-
halten, dessen er sich schuldig macht. Juristisch gibt es
keinen Schluß von der Schuld eines Menschen auf die
Schuld eines anderen; es gibt Schuldübertragungen weder in der Horizontalen, unter den Angehörigen einer
Generation, noch in der Vertikalen, von der einen Generation auf die nächste. Kollektivschuld, bei der alle
Glieder des Kollektivs schuldig sind, weil einige schuldig sind, ist mit dem juristischen Begriff der Schuld un-
vereinbar.[4]

3 Die Rechnung stützt sich auf die Daten des *Statistischen Jahrbuches
   1986 für die Bundesrepublik Deutschland*, Stuttgart/Mainz 1986, S. 61,
   67, 588.
4 F. W. Rothenpieler, *Der Gedanke einer Kollektivschuld in juristischer
   Sicht*, Berlin 1982, S. 288 ff.

Das hat nichts mit juristischer Borniertheit zu tun. Es
liegt nicht an der engen Sicht und dem kleinen Blick des
Juristen, wenn der eingangs vorgestellte Schuldbegriff
zu klein und zu eng ist, Schuld in der Horizontalen und
in der Vertikalen, zwischen den Angehörigen einer Generation und zwischen den Generationen zu übertragen. Was den alltäglichen Begriff der Schuld vom juristischen unterscheidet, ist nur der Bezugspunkt: Der
Vorwurf bezieht sich einmal auf Handlungen und Unterlassungen, die in Widerspruch zu Normen des geltenden Rechts stehen, das andere Mal auf Verhalten, das
andere Normen verletzt, Normen der Religion, der
Moral, des Takts, der Sitte und des Funktionierens von
Kommunikation und Interaktion. Beidemal wird an
das eigene Verhalten eines einzelnen angeknüpft und
für den Schuldvorwurf vorausgesetzt, daß der einzelne
sich normwidrig verhalten hat, obwohl er zu normgemäßem Verhalten fähig war.

Mit diesem Schuldbegriff können für die Zeit zwischen 1933 und 1945 neben denen, die die Verbrechen
begangen haben oder an ihnen beteiligt waren, auch die
als Schuldige identifiziert werden, die Widerstand und
Widerspruch unterlassen haben, obwohl sie dazu fähig
waren. Voraussetzung dafür ist die Anerkennung der
Norm, Verbrechen nicht nur nicht zu begehen, sich an
ihnen nicht nur nicht zu beteiligen, sondern ihnen mit
Widerstand und Widerspruch entgegenzutreten.[5] Ich
halte diese Norm auch für begründungsfähig und aner-
kennungswürdig. Aber der Vorwurf, gegen sie verstoßen zu haben, trifft wieder nicht alle Deutschen und er-

---

5 So F. König, »Kollektivschuld und Erbschuld«, *Zeitschrift für katho-*
  lische Theologie 1950, S. 40 (50ff.).

gibt keine Kollektivschuld. Denn auch er kann nur bei Fähigkeit zu normgemäßem Verhalten erhoben werden, und mögen noch so viele Deutsche ihr Mitlaufen und Mitjubeln kläglich und mit erfundenen Gefährdungen zu entschuldigen versucht haben, oft fehlte es an der Fähigkeit zu Widerstand und Widerspruch tatsächlich.

Die Angehörigen der nächsten Generation können nicht nur nicht der Täterschaft und Teilnahme an den nationalsozialistischen Verbrechen, sondern auch nicht des unterlassenen Widerstands und Widerspruchs schuldig sein. Gleichwohl empfinden viele von ihnen Betroffenheit und Befangenheit, Peinlichkeit und Scham: Betroffenheit bei der Konfrontation mit den Spuren der Verbrechen, Befangenheit bei der persönlichen Begegnung mit den Opfern, Peinlichkeit angesichts eines selbstgerechten und selbstzufriedenen Auftrumpfens mit der Freiheit von Schuld und Scham, wenn man sich selbst oder diejenigen beim Auftrumpfen ertappt, die einem nahestehen und denen man sich zugehörig fühlt. Beispiele sind zahllos; ich empfand immer als beschämend, daß gerade die deutsche Linke sich in der Verurteilung der israelischen Politik besonders hervortun mußte, empfand als peinlich, daß Bundeskanzler Helmut Kohl in Israel die Gnade der späten Geburt wie ein Recht einforderte, und bin jedesmal wieder befangen, wenn ich dem von der Verfolgung gezeichneten Vater meines jüdischen Freundes begegne. Aber der Horizont dieser Empfindungen und der korrespondierenden Erwartungen ist einer des Takts und nicht des Rechts. Gewiß, auch der Taktlosigkeit kann man sich schuldig machen. Aber Taktlosigkeit ist doch nur Taktlosigkeit. Außerdem gilt wieder, daß ihrer nur

die einzelnen schuldig sind, die sie selbst begehen, sich
an ihr beteiligen oder ihr zu widerstehen oder zu widersprechen unterlassen.

II.

So scheint der kleine und enge, juristische wie alltäg-
liche Schuldbegriff mit dem zusammenzustimmen, was
gegenwärtig im Trend liegt: Aussitzen der schuldbeladenen Vergangenheit, Aussitzen in der fröhlichen Ge-
wißheit, daß die Angelegenheit bald erledigt ist. Die Be-
gleiterscheinungen des Trends lassen jedoch fragen, ob
die Schuld wirklich derart begriffen und erledigt werden kann.

   Der Trend wird begleitet und befördert von der Be-
mühung um die Etablierung einer neuen, einer bundesrepublikanischen deutschen Identität. Der Bundestag
will nicht mehr im Provisorium einer ehemaligen päd-
agogischen Akademie hausen, sondern in einem repräsentativen Symbol bundesrepublikanischer Staatlichkeit residieren; zum Abschluß des Fernsehprogramms
schwenkt die Kamera unter den Klängen des Deutsch-
landlieds durch das weitwinkelvergrößerte Regierungs-
viertel am Rhein; Bonn will 1989 dem Grundgesetz ein
Jubeljahr mit folkloristischem bis akademischem Pomp
ausrichten; ein Museum für die Geschichte der Bundesrepublik Deutschland ist geplant oder wird schon ge-
baut. Die Beispiele ließen sich fortsetzen. Die Geschichte, mit der wir leben, soll auf die Zeit seit 1949
verkürzt, die Zeit bis 1949 zur Vorgeschichte erklärt
werden. Es liegt nicht an Fehlern der Regie, des Bühnen-

bilds oder der Choreographie, daß die Schaustellungen bundesrepublikanischer Staatlichkeit auf geschmacklose Weise an entsprechende Veranstaltungen der DDR erinnern. Es geht um die gleiche Sache. Die Bundesrepublik Deutschland holt die Etablierung einer eigenen Identität und Geschichte nach, die in der DDR vorgemacht wurde. Dort wurde sie von Anfang an nicht zuletzt darum betrieben, weil sie von Schuld entlasten sollte. Wenn die eigene Geschichte erst nach dem Krieg beginnt, kann es keinen Schuldzusammenhang mit dem geben, was in und vor dem Krieg geschah. Das leuchtet ein und setzt doch zugleich die Möglichkeit eines Schuldzusammenhangs und einer Schuldübertragung voraus, die mit dem eingangs vorgestellten Schuldbegriff eigentlich nicht vereinbar ist. Warum muß ein Schuldzusammenhang zerrissen werden, den es gar nicht gibt?

Auch in meiner Disziplin, der Wissenschaft vom Staats- und Verwaltungsrecht, bildet sich die geschilderte Entwicklung ab. Zunehmend werden alte, seit dem Spätkonstitutionalismus tradierte Probleme behandelt, als seien sie erstmals in den frühen fünfziger Jahren aufgetaucht. Schon gleich nach dem Krieg setzte der Versuch, die Rechtswissenschaft auf neue Fundamente zu stellen, darauf, den Zusammenhang der Geschichte und damit auch der Schuld zu zerreißen. Er machte den juristischen Positivismus dafür verantwortlich, daß die Verbrechen des Dritten Reichs als rechtens ausgegeben werden konnten, und setzte ihm das Naturrecht entgegen.[6] Der in der Weimarer Republik zum

6 Vgl. W. Maihofer, *Naturrecht und Rechtspositivismus?*, Darmstadt 1972; H. D. Schelauske, *Naturrechtsdiskussion in Deutschland. Ein*

Positivisten ausgebildete Jurist habe jeden Befehl des nationalsozialistischen Staats als Recht anerkennen und ausführen müssen; nur in den Normen des Naturrechts finde der Jurist den Maßstab, der staatliche Befehle auf ihre Rechtlichkeit zu befragen gestatte. Sollte daher die im Dritten Reich sichtbar gewordene Verantwortungs- und Hilflosigkeit des Juristen für die Zukunft vermieden werden, gelte es, ihn und die Rechtswissenschaft auf das Naturrecht zu verpflichten.[7] Diese Naturrechtsrenaissance hatte sowohl in der wissenschaftlichen Behandlung juristischer Probleme als auch in der Praxis der Gerichte erhebliche Bedeutung.[8] Die Rechtsprechung des Bundesverfassungsgerichts wurde durch sie auf Jahrzehnte geprägt; zwar hat das Bundesverfassungsgericht nur selten ausdrücklich von naturrechtlichen Ge- oder Verboten gehandelt, es hat aber die Ge- und Verbote des Grundgesetzes als Ausdruck von Werten und Niederschlag einer Wertordnung verstanden und sich mit dieser naturrechtlichen Betrachtungsart, die hinter dem Geschriebenen das eigentliche Recht sieht, den größten Freiraum gegenüber dem Text und der Struktur der Verfassung erobert.[9]

Überblick über zwei Jahrzehnte: 1945-1965, Köln 1968, S. 13 ff.; H. Welzel, *Naturrecht und materiale Gerechtigkeit,* Göttingen 1962, S. 219 ff.

7 Besonders prägnant wurde dies 1946 von G. Radbruch formuliert; vgl. ders., »Gesetzliches Unrecht und übergesetzliches Recht«, SJZ 1946, 105 (107). In diesem Aufsatz brach Radbruch mit seiner früheren, in *Rechtsphilosophie,* Leipzig ³1932, S. 76 ff., entfalteten positivistischen Position.

8 G. Müller, *Naturrecht und Grundgesetz. Zur Rechtsprechung der Gerichte, besonders des Bundesverfassungsgerichts,* Würzburg 1967; H. Weinkauff, »Der Naturrechtsgedanke in der Rechtsprechung des Bundesgerichtshofs«, NJW 1960, 1691.

9 Vgl. BVerfGE 6, 55 (72); 7, 108 (205, 208 f.); 27, 1 (6); 28, 243 (260 f.); 30, 173 (193); 35, 79 (114). Die frühe Grundrechtsrechtsprechung des

Die Prämisse der Naturrechtsrenaissance war jedoch falsch. Der juristische Positivismus, der im Kaiserreich und in der Weimarer Republik gepflogen wurde, war keine Befehlsbefolgungs- und -vollzugsideologie, vielmehr eine durch Formalität, Rationalität und Liberalität ausgezeichnete Methode der Bearbeitung und Anwendung des Rechts, die gegenüber der Irrationalität und dem Chaos nationalsozialistischen Rechts einige Sperrigkeit zeigte.[10] Die nationalsozialistischen Juristen nannten und bekämpften Positivismus und Liberalismus in einem Atemzug, und ihre wissenschaftlichen Vertreter rekrutierten sich nicht aus denen, die in der Weimarer Republik Positivisten gewesen waren, sondern aus den anderen, die schon vor 1933 die Überwindung des Positivismus und die Orientierung der Rechtspraxis und Rechtswissenschaft an neuen politischen Inhalten, Entscheidungen und Werten gefordert hatten.[11] Der antipositivistische Affekt der Natur-

---

Zweiten Senats ist besonders von G. Leibholz beeinflußt worden, der 1935 zwangsemeritiert wurde und 1938 emigrieren mußte.

10 Vgl. H. Fangmann, »Die Restauration der herrschenden Staatsrechtswissenschaft nach 1945«, in: U. Reifner (Hg.), *Das Recht des Unrechtsstaates. Arbeitsrecht und Staatsrechtswissenschaften im Faschismus*, Frankfurt/New York 1981, S. 211; I. Maus, *Bürgerliche Rechtstheorie und Faschismus. Zur sozialen Funktion und aktuellen Wirkung der Theorie Carl Schmitts*, München 1976, S. 33; W. Rosenbaum, *Naturrecht und positives Recht*, Neuwied/Darmstadt 1972. Für den Positivismus der Weimarer Zeit stehen besonders die Namen und Schicksale von G. Anschütz, W. Jellinek, H. Kelsen und R. Thoma.

11 Vgl. Maus (Fn. 10); J. Meinck, *Weimarer Staatslehre und Nationalsozialismus. Eine Studie zum Problem der Kontinuität im staatsrechtlichen Denken in Deutschland 1928–1936*, Frankfurt/New York 1978; L. Poliakov/J. Wulf, *Das Dritte Reich und seine Denker. Dokumente*, Berlin 1959, S. 323ff. An Namen sind in diesem Zusammenhang besonders zu nennen: E. Forsthoff, J. Heckel, R. Höhn, E. R. Huber, O. Koellreuter, A. Köttgen, T. Maunz, U. Scheuner, C. Schmitt, W. Weber.

rechtsrenaissance war also keine Errungenschaft des Zusammenbruchs von 1945, sondern ein Erbstück des Umbruchs von 1933, und sogar die Werthaftigkeit und Wehrhaftigkeit der grundgesetzlichen Rechtsordnung konnte in Begriffen und Konstruktionen entfaltet werden, die vor 1945 entsprechend für die nationalsozialistische Rechtsordnung entwickelt worden waren. Das bekannte Beispiel ist das Beamtenrecht, wo die Formulierungen, die im Nationalsozialismus geprägt wurden, um den Beamten auf umfassende Gesinnungs- und Bekenntnistreue gegenüber dem nationalsozialistischen Staat einzuschwören, unter Austauschung des nationalen Staats gegen die freiheitliche demokratische Grundordnung bis heute beibehalten werden.[12] Ein anderes Beispiel bietet das Staatskirchenrecht, wo nach 1945 das gleichberechtigte Nebeneinander von Staat und Kirche wieder ebenso konstruiert wurde, wie im Dritten Reich das gleichberechtigte Nebeneinander von Staat und NSDAP nach staatskirchenrechtlichem Vorbild konstruiert worden war; wie ehedem die NSDAP sollte jetzt die Kirche, obwohl Körperschaft des öffentlichen Rechts, dem Staat nicht untergeordnet sein, sondern aus eigener Wesens- und Legitimationssphäre von

---

12 Vgl. §§ 4, 35 BRRG, §§ 7, 52 BBG; dazu Mühl, in: *Gesamtkommentar Öffentliches Dienstrecht*, Stand Juni 1987, § 7 BBG Rn. 12 ff., vor § 52 BBG Rn. 3 ff.; E. Plog/A. Wiedow, *Kommentar zum BBG*, § 7 Anm. 13 f.; § 52 Anm. 3 f.; C. H. Ule, *Beamtenrecht*, Köln u. a. 1970, § 4 BRRG Anm. 3 ff.; § 35 BRRG Anm. 3; H. H. Schrader, *Rechtsbegriff und Rechtsentwicklung der Verfassungstreue im öffentlichen Dienst*, Berlin 1985, S. 269 ff., 294 f., 321 ff., 346 ff.; kritisch E.-W. Böckenförde, *Der Staat als sittlicher Staat*, Berlin 1978, S. 26 ff.; ders., »Verhaltensgewähr oder Gesinnungstreue?«, in: H. Koschnik (Hg.), *Der Abschied vom Extremistenbeschluß*, Bonn 1979, S. 76.

gleich zu gleich gegenübertreten.[13] Wieder ließen sich
die Beispiele fortführen, und der Kontinuität der Begriffe und Konstruktionen entspricht die Kontinuität
der die Begriffe und Konstruktionen ersinnenden und
verwendenden Personen.[14]

Als Versuch, den Zusammenhang der Geschichte
und damit auch der Schuld zu zerreißen, hatte ich die
Naturrechtsrenaissance gekennzeichnet. Was ich eben
berichtet habe, klingt nicht nach Zerreißen, sondern
nach Bewahren des geschichtlichen Zusammenhangs.
Dies ist kein Widerspruch. Es zeigt an, daß der geschichtliche Zusammenhang nicht zerrissen, sondern
nur im Versuch des Zerreißens verleugnet werden
konnte. Mit der Wiederbesinnung auf das Naturrecht
wurde versucht, die Vergangenheit zu verleugnen und
einen neuen Anfang zu behaupten, die Integrität der
Natur gegen die Schuld der Geschichte zu setzen. Wieder stellt sich die gleiche Frage: Warum muß ein Schuldzusammenhang verleugnet werden, den es nach dem
eingangs vorgestellten Schuldbegriff gar nicht gibt?

Offensichtlich kann und konnte man sich nicht damit beruhigen, daß unser Schuldbegriff weder in der
Vertikalen noch in der Horizontalen Schuldzusammen-

---

13 H.-R. Lipphardt, *Die Gleichheit der politischen Parteien vor der öffentlichen Gewalt*, Berlin 1975, S. 595 f.; vgl. S. Grundmann, »Staat und
   Kirche in Bayern«, BayVBl. 1962, 33 (34); K. Hesse, »Schematische Pa-
   rität der Religionsgesellschaften nach dem Bonner Grundgesetz? Zum
   Urteil des OVG Berlin 25. 2. 1953«, ZevKR 1953/54, 188 (190 f.); E. R.
   Huber, *Verfassungsrecht des großdeutschen Reiches*, Hamburg ²1937/
   1939, S. 297 f.
14 Von den oben in Fn. 10 Genannten wurden lediglich R. Höhn, O.
   Koellreuter und C. Schmitt nach 1949 nicht mehr berufen; dazu ten-
   denziös, aber informativ Fangmann (Fn. 10), S. 225 ff.; Meinck
   (Fn. 11).

hänge stiftet. Auch die Nachkriegsdiskussion um die
Kollektivschuld zeigt, daß man damals keinen anderen
Schuldbegriff, aber ein Schuldgefühl hatte, das die
Grenzen unseres Schuldbegriffs zu sprengen scheint.[15]
Dasselbe Schuldgefühl mag sich auch in den erwähnten
Empfindungen von Betroffenheit und Befangenheit,
Peinlichkeit und Scham, Taktlosigkeit und Geschmack-
losigkeit geltend machen.

Um Klarheit darüber zu gewinnen, was es mit diesem
Schuldgefühl auf sich hat, werde ich hinter unseren
Schuldbegriff zurückfragen. Rechtsgeschichtlich liegt
ihm ein weiter gefaßter Begriff von Verantwortung,
Haftung und Sühne voraus, der in dem unseren Schuldbegriff anscheinend sprengenden Schuldgefühl bewahrt sein könnte.

III.

Im alten germanischen Recht störte begangenes Unrecht den Rechtsfrieden nicht nur zwischen dem einzelnen Täter und seinem einzelnen Opfer, sondern zwischen der Sippe des Täters und der Sippe des Opfers.
Nicht nur der Täter, sondern die Tätersippe war der Ra-
che oder Fehde ausgesetzt, die umgekehrt nicht nur
vom Opfer, sondern von der Opfersippe durchgeführt
wurde. Entsprechend hatte auch die Tätersippe das
Sühnegeld zu leisten und die Opfersippe es zu for-

---

15 Vgl. Rothenpieler (Fn. 4), S. 199ff.; aus damaliger Zeit besonders H.
   Arendt, »Organisierte Schuld«, *Die Wandlung* 1945/46, S. 333 (343);
   H. Henkel, »Kollektivschuld«, *Internationales Recht und Diplomatie*
   1960, S. 37 (51); König (Fn. 5), S. 55.

dern.[16] Diese kollektive Verantwortung, Haftung und Sühne, wirkte in der Horizontalen wie in der Vertikalen, ergriff Erwachsene wie Kinder. War das Opfer der Tat ein Kind, so wurde als Racheopfer oft nicht der Täter selbst, sondern ein Kind der Tätersippe ausgewählt.[17] Friedlosigkeit, Sanktion bei gegenüber der Gesamtheit begangenem Unrecht, entzog Frau und Kindern des Täters durch Wüstung und Fronung die Lebensgrundlage.[18] Über dieses tatsächliche Betroffensein hinaus war ein rechtliches Einstehenmüssen der Kinder für die Taten der Eltern bei Hochverrat sowie später bei Häresie üblich, und aus dem Jahre 1320 ist für Nürnberg das Privileg überliefert, gemeingefährliche Bürger mitsamt ihren Kindern im Sack ersäufen zu dürfen.[19] Wenn Familie und Sippe fehlten und auch als das Band der Sippe und der Familie schwächer wurde, ergriffen Verantwortung, Haftung und Sühne das nächstliegende und nächstwichtige Kollektiv; das germanische Recht kannte entsprechende Strafsanktionen gegen Gilden und Gemeinden.[20]

Seit dem späten Mittelalter trat der Gedanke kollektiver Verantwortung, Haftung und Sühne zurück, um

16 V. Achter, *Geburt der Strafe*, Frankfurt/M. 1951, S. 13 ff.; H. Brunner, »Abspaltungen der Friedlosigkeit«, ZRG germ. Abt. 1890, S. 62 (62); R. His, *Deutsches Strafrecht bis zur Karolina*, München/Berlin 1928, S. 47 f., 65, 99; ders., *Das Strafrecht des deutschen Mittelalters*, 1. Bd., Leipzig/Weimar 1920, S. 266 f., 646 ff.; E. Schmidt, *Einführung in die Geschichte der deutschen Strafrechtspflege*, Göttingen ³1965, S. 22.
17 His, *Karolina* (Fn. 16), S. 52 f.
18 Ebd., S. 50 ff.; ders., *Mittelalter* (Fn. 16), S. 423 ff.; Brunner (Fn. 16), S. 62, 70 ff.; Schmidt (Fn. 16), S. 30.
19 W. Engelmann, *Die Schuldlehre der Postglossatoren*, 2. Aufl., o. O., o. J. (1895), Neudruck Aalen 1965, S. 34 m. Fn. 1; Schmidt (Fn. 16), S. 72.
20 His, *Karolina* (Fn. 16), S. 21 f.

schließlich zu verschwinden.[21] Aber noch im 19. Jahr-
hundert wurde in Deutschland darüber, ob Personenverbände schuldig und bestraft werden können, immerhin diskutiert,[22] und der angelsächsische Rechtskreis
kennt bis heute die Verhängung von Geldstrafen als
Verbandsstrafen.[23] Das heutige Völkerrecht verbietet
Kollektivstrafen.[24] Es läßt aber Repressalien gegen Kollektive zu, denen auch Vergeltungselemente eignen
dürfen; feinsinnig heißt es in einem Handbuch des Völkerrechts, zwar erleide das einzelne Opfer der Repressalie, z. B. als Sühnegeisel, eine Strafe für eine Tat, deren

21 Zur Entwicklung vgl. K. S. Bader, »Schuld – Verantwortung – Sühne
   als rechtshistorisches Problem«, in: E. R. Frey (Hg.), *Schuld – Verantwortung – Strafe. Im Lichte der Theologie, Jurisprudenz, Soziologie,
   Medizin und Philosophie*, Zürich 1964, S. 61 (72 ff.); G. Dahm, *Das
   Strafrecht Italiens im ausgehenden Mittelalter*, Berlin/Leipzig 1931,
   S. 162 ff., 173 ff.; His, *Karolina* (Fn. 16), S. 5, 16 f., 21, 58 ff.; ders., *Mittelalter* (Fn. 16), S. 285 ff., 423 ff., 662 ff. Als Wendepunkt gilt die Posi-
   tivierung des Grundsatzes individueller Verantwortlichkeit in der
   Constitutio Criminalis Bambergensis (1507) und der *Carolina* (1532);
   vgl. dazu H. Achenbach, *Historische und dogmatische Grundlagen der
   strafrechtssystematischen Schuldlehre*, Berlin 1974, S. 24 f.; Achter
   (Fn. 16), S. 137; H. H. Jescheck, *Lehrbuch des Strafrechts. Allgemeiner
   Teil*, Berlin ³1978, S. 74; E. Kaufmann, »Erfolgshaftung«, in: *Wörter-
   buch zur deutschen Rechtsgeschichte (HRG)*, 1. Bd., Berlin 1971,
   Sp. 990 (1000 f.); W. Schild, »Der ›entliche Rechtstag‹ als das Theater
   des Rechts«, in: P. Landau/F. C. Schroeder (Hg.), *Strafrecht, Strafpro-
   zeß und Rezeption*, Frankfurt/M. 1984, S. 119 (130 f.).
22 Vgl. Rothenpieler (Fn. 4), S. 27 ff.; aus der damaligen Diskussion besonders O. Gierke, *Die Genossenschaftstheorie und die deutsche
   Rechtsprechung*, Berlin 1887, S. 771 ff., gegen P. J. A. Feuerbach, *Lehrbuch des gemeinen in Deutschland gültigen peinlichen Rechts*, § 28,
   Gießen ¹⁴1808, S. 53; F. C. v. Savigny, *System des heutigen Römischen
   Rechts*, § 94, 2. Bd., Berlin 1840, S. 310 ff.
23 Rothenpieler (Fn. 4), S. 37; H. H. Jescheck, »Die strafrechtliche Verantwortlichkeit der Personenverbände«, ZStW 1953, 210 (221 f.).
24 Henkel (Fn. 15), S. 43 f., 49; vgl. F. Münch, »Kollektivschuld und Staa-
   tenstrafe«, *Internationales Recht und Diplomatie* 1967, S. 37 (39, 42);
   H. v. Weber, »Kollektivstrafe«, in: K. Strupp/H. J. Schlochauer, *Wör-
   terbuch des Völkerrechts*, 2. Bd., Berlin 1961, S. 251 f.

es nicht schuldig sei, gleichwohl bleibe diese Strafe gegenüber dem Kollektiv eine bloße Repressalie.[25]

Die Gründe für das Zurücktreten und schließliche Verschwinden des Gedankens kollektiver Verantwortung, Haftung und Sühne sind vielfältig. Meist wird das kollektive Einstehenmüssen für eine Tat gar nicht unter den Schuldbegriff gefaßt. Wenn Schuld individuell und subjektiv definiert wird, dann liegt es nahe, das Einstehenmüssen für einen Erfolg, den ein anderer verursacht hat, als Erfolgshaftung von der Verschuldenshaftung zu unterscheiden. Schon das Einstehenmüssen des anderen knüpft an sein Verursachen des Erfolgs und nicht an sein Wissen und Wollen der Tat an und ist insofern Erfolgs- und nicht Verschuldenshaftung.[26] Die Entwicklung, in der die kollektive Erfolgshaftung zurücktritt, erscheint dann zugleich als Entwicklung, in der sich die individuelle Verschuldenshaftung oder einfach der Schuldbegriff und das Schuldprinzip durchsetzen.[27] Als Gründe für die Entwicklung treten dabei die

25 Weber (Fn. 24), S. 252.
26 Achter (Fn. 16), S. 12 ff., S. 20; ders., Rezension v. E. Kaufmann, *Die Erfolgshaftung*, Frankfurt/M. 1958, ZRG germ. Abt. 1960, 387 (388 ff.); Bader (Fn. 21), S. 71 ff.; Schild (Fn. 21), S. 136, 139; Schmidt (Fn. 16), S. 22 ff., 31; kritisch A. Kaufmann, *Das Schuldprinzip*, Heidelberg ²1976, S. 217 ff.; E. Kaufmann, *Die Erfolgshaftung. Untersuchungen über die strafrechtliche Zurechnung im Rechtsdenken des frühen Mittelalters*, Frankfurt/M. 1958, S. 218 ff.; A. Löffler, *Die Schuldformen des Strafrechts in vergleichend-historischer und dogmatischer Darstellung*, Leipzig 1895, S. 34 f., 37; P. Mikat, »Erfolgshaftung und Schuldgedanke im Strafrecht der Angelsachsen«, in: *Festschrift für H. V. Weber*, Bonn 1963, S. 9 (10, 31); W. E. Wilda, *Geschichte des deutschen Strafrechts*, 1. Bd., *Das Strafrecht der Germanen*, o. O., 1842, Neudruck Aalen 1960, S. 155 f.; zusammenfassend zum Streitstand Kaufmann (Fn. 21), Sp. 990 ff.
27 So z. B. Bader (Fn. 21), S. 71 ff.; Henkel (Fn. 15), S. 39 f.; kritisch Kaufmann (Fn. 21), Sp. 1000.

Durchsetzung der christlichen Sündenlehre, die auf das
subjektive Tatmoment und den Sanktionszweck der individuellen Läuterung abstellt, die Rezeption des römischen Rechts, das individualistisch konzipiert ist und
außerdem für die Erfassung der subjektiven Tatseite
das begriffliche und konstruktive Gerüst bereitstellt,
und der Individualismus und Subjektivismus der Aufklärung hervor.[28] Dabei kann der Schuldbegriff, wenn
überhaupt, im Zusammenhang kollektiver Verantwortung, Haftung und Sühne nur als irrationaler Schuldbegriff anerkannt werden; als psychisches Phänomen,
so heißt es in einer juristischen Abhandlung in Anleh-
nung an C. G. Jung, dehne sich die Schuld über den Täter auf die weitere menschliche und sogar örtliche Um-
gebung aus, ergreife Haus und Dorf und Wald, wo die
Tat geschehen, und sei ebenso irrational wie elementar.[29]

Aber die Entwicklung, die unseren Schuldbegriff
hervorgebracht hat, ist nicht nur durch die Durchsetzung der christlichen Sündenlehre, die Rezeption
des römischen Rechts, das Wachsen und Blühen der
Aufklärung gekennzeichnet und als Entwicklung von
Irrationalität zu Rationalität zu sehen. Das Verschwinden der Sippenhaftung fällt mit der Auflösung der Sip-
penverbände zusammen;[30] der mit der Feudalisierung
verbundene Abstieg der Landbevölkerung läßt viele

---

28 Achenbach (Fn. 21), S. 24 f.; Achter (Fn. 16), S. 10, 12 ff., 112 ff.; Bader
     (Fn. 21), S. 73; Dahm (Fn. 21), S. 151 ff.; Engelmann (Fn. 19), S. 33 ff.;
     Henkel (Fn. 15), S. 39; His, *Karolina* (Fn. 16), S. 14, 102; C. Hohen-
     lohe, *Beiträge zum Einflusse des kanonischen Rechts auf Strafrecht und
     Prozeßrecht*, Innsbruck 1918, S. 32 ff.
29 Rothenpieler (Fn. 4), S. 21.
30 Bader (Fn. 21), S. 65; His, *Karolina* (Fn. 16), S. 101.

»für die Fehde zu niedrig und für die Buße zu arm«
werden.[31] Das Erstarken territorialer Herrschaft, die
Monopolisierung der Anwendung von Gewalt beim
Territorialherrn verlangen Rache- und Fehdeverbote.
Ökonomisch wie politisch wandelt sich die Gesellschaft derart, daß der einzelne als einzelner Rechtsperson wird. Davor ist er Rechtsperson nicht aus sich
selbst, sondern nur aus seiner Zugehörigkeit zum
Rechts- und Schutzverband der Sippe oder auch Gilde
und Gemeinde.[32]

Diesen Rechts- und Schutzverband als Haftungsver-
band zu begreifen und zu gestalten ist nicht irrational.
Die spezifische Rationalität, die dem Gedanken kollektiver Verantwortung, Haftung und Sühne innewohnt,
zeigt sich besonders an den Möglichkeiten der Enthaftung, die das germanische Recht kannte. Die Tätersippe
wurde von der Haftung frei, wenn sie sich vom Täter
lossagte, ihn verstieß oder der Opfersippe preisgab.[33]
Dabei ging es auch um den Täter als Wirtschaftsfaktor;
die Sippe war Wirtschaftsverband, lebte von der Ar-
beitskraft und -leistung ihrer Glieder und sollte von der
Tat und dem Täter nicht auch noch wirtschaftlich pro-
fitieren. Der Täter fiel mit der Preisgabe an die Opfersippe nach deren Wahl der Tötung oder Verknechtung
anheim.[34] Zu späterer Zeit trat an die Stelle der Preisgabe des Täters an die Opfersippe die an die öffentliche

---

31 G. Radbruch, »Der Ursprung des Strafrechts aus dem Stande der Un-
   freien«, in: ders., *Elegantiae iuris criminalis*, Basel ²1950, S. 1 (8 f.).
32 Bader (Fn. 21), S. 65 f.; His, *Karolina* (Fn. 16), S. 47 f., 58 ff.; ders., *Mittelalter* (Fn. 16), S. 285 ff.; Schmidt (Fn. 16), S. 23.
33 Bader (Fn. 21), S. 66 ff.; His, *Karolina* (Fn. 16), S. 5, 8, 17, 53 f., 101;
   Schmidt (Fn. 16), S. 33, 36.
34 Bader (Fn. 21), S. 68; Brunner (Fn. 16), S. 88 ff.

Gewalt.[35] Die öffentliche Gewalt strafte auch die Gilde
und die Gemeinde, wenn und weil sie sich vom Täter
nicht losgesagt, ihn nicht bestraft oder ausgeliefert
hatte.[36] Der Gedanke, der hinter den Möglichkeiten der
Enthaftung steht, ist klar: Das Kollektiv haftet, soweit
es die Solidar- und auch Wirtschaftsgemeinschaft mit
dem Täter aufrechterhält, von ihm profitiert, ihn be-
günstigt und seine Bestrafung vereitelt. Die hier ver-
wandten Begriffe der Strafvereitelung und der Begünstigung sind modern, und daß die öffentliche Gewalt
die Gemeinschaft straft, wenn und weil diese nicht
selbst das Verbrechen aufgeklärt und den Täter bestraft
oder ausgeliefert hat, setzt die Existenz einer öffentlichen Gewalt voraus, von der im frühen germanischen
Recht nur unzureichend und erst im Lauf des Mittelalters gesprochen werden kann. Aber die Enthaftung der
Tätersippe durch Lossagung, Verstoßung und Preisgabe des Täters ist alt, und schon in ihr ist der Gedanke
der Haftung des Kollektivs für selbst gewählte Solidarität und um dieser willen zu erkennen.[37] Dieser
Gedanke ist nicht auf den Begriff einer bloßen Erfolgshaftung im Gegensatz zur Verschuldenshaftung zu
bringen. Hier wird nicht einfach für eine fremde Tat,
sondern für die eigene Solidarität mit dem Täter einge-
standen.

---

35 His, *Karolina* (Fn. 16), S. 17, 101.
36 Ebd., S. 21 f.; Brunner (Fn. 16), S. 64 ff.
37 Vgl. Kaufmann (Fn. 21), Sp. 996.

IV.

Die Netze der Schuld, zu denen sich Handlungen derart verflechten, reichen weit. In ihnen verfängt sich nicht nur der Täter, sondern jeder, der zum Täter in Solidargemeinschaft steht und diese nach der Tat aufrechterhält. Juristisch verfängt er sich darin heute nur noch dann, wenn die Aufrechterhaltung oder Herstellung von Solidarität nach geltendem Recht als Strafvereitelung, Begünstigung oder Hehlerei zu beurteilen ist. Aber wir hatten schon oben gesehen, daß der Schuldbegriff nicht nur an den Normen des geltenden Rechts, sondern auch an andere Normen anknüpft, an Normen der Religion und der Moral, des Takts und der Sitte sowie des Funktionierens von Kommunikation und Interaktion. Die schuldstiftende Akzessorietät zur Tat, die in der Aufrechterhaltung oder Herstellung von Solidarität mit dem Täter liegt, muß zwar nach der geltenden Rechtsordnung die Gestalt der Strafvereitelung, Begünstigung oder Hehlerei annehmen. Das schließt aber nicht aus, daß sie nach anderen Normen schon in anderen, weniger direkten und intensiven Erscheinungsformen identifiziert und sanktioniert werden kann.

Ich meine, daß es diese Normen gibt. Die Aufrechterhaltung und Herstellung von Solidarität ist ein normativer Vorgang. Sie wird von normativen Erwartungen getragen und begleitet. Dabei sind unter normativen die Erwartungen zu verstehen, die kontrafaktisch, lernunwillig durchgehalten werden, im Unterschied zu den anderen Erwartungen, die lernbereit an den Tatsa-

chen orientiert sind.[38] Erklärt einer seine Solidarität mit
einem anderen, dann erklärt er damit, daß er mit dem
anderen gleich geachtet und gleich behandelt werden
will, obwohl er faktisch in einer anderen Situation als
der andere ist. Jeder kann sehen, daß die beiden Situationen verschieden sind und daß insofern die Erwartung gleicher Achtung und gleicher Behandlung falsch
ist. Gleichwohl wird die Erwartung nicht lernbereit
aufgegeben, sondern lernunwillig durchgehalten; wer
sich solidarisch erklärt, ist ebensowenig bereit zu lernen, daß er wegen der Andersartigkeit der Situation
nicht gleich geachtet und behandelt werden kann wie
der Außenstehende, der die Erklärung der Solidarität
ernst nimmt. Der Preis für die Herstellung und Aufrechterhaltung von Solidarität ist allerdings, daß man
auch da gleich geachtet und behandelt wird, wo man es
lieber nicht würde. Solange man die Solidarität mit einem anderen nicht aufkündigt, wird einem alles Verhalten des anderen zugerechnet.

Die Normen, die diese Zurechnung bewirken, sind
keine Normen einer besonderen Moral oder Sitte. Es
sind die Regeln, nach denen Kommunikation und Interaktion funktionieren. Wenn Aufrechterhaltung und
Herstellung von Solidarität nicht Aufrechterhaltung
und Herstellung von Verantwortungsgemeinschaft,
von Gemeinschaft des Einstehens und Tragens von
Folgen und Vorwürfen ist, dann ist sie nicht. Und die
gemeinsame Zugehörigkeit zu einer Familie, einem
Verband, einer Organisation oder Institution und eben

---

38 N. Luhmann, »Normen in soziologischer Perspektive«, *Soziale Welt*
1969, S. 28 (36 f.).

auch zu einem Volk stiftet diese Solidarität. Nicht so, daß man sie nicht aufkündigen könnte, daß es keine Lossagungen und Verstoßungen gäbe. Aber solange diese nicht stattgefunden haben, besteht die Solidarität.

Daß auch die gemeinsame Zugehörigkeit zu einem Volk die Solidarität stiftet, haben wir nicht gerne wahr. Wir Deutschen neigen dazu, uns lieber als Weltbürger einer Weltgesellschaft, als freie Bürger der freien Welt, Atlantiker oder Europäer zu sehen denn als Deutsche. Aber jeder, der bewußt reist, weiß, daß die Welt nicht so kosmopolitisch und international ist, wie wir wünschen. Der Wunsch ist Symptom des anderen Wunsches, der durch die gemeinsame Zugehörigkeit zum selben Volk gestifteten Solidarität, Verantwortungs- und Schuldgemeinschaft zu entkommen.

Lassen Sie mich die zuletzt angestellten Überlegungen auf das Ausgangsproblem beziehen. Bei den vor 1945 begangenen Verbrechen gab es nicht nur die Täter, Anstifter und Beihelfer sowie die, die Widerstand und Widerspruch unterlassen haben, obwohl sie dazu fähig waren. Nachdem die Verbrechen geschehen waren, gab es die Möglichkeit der Aufrechterhaltung und der Aufkündigung von Solidarität. Die Täter und die auf die eine oder andere Weise an den Taten Beteiligten konnten entweder in der Solidargemeinschaft gehalten oder aus ihr verstoßen werden. Der rechtsgeschichtliche Rückblick zeigt, daß auch das Nichtlossagen, Nichtverurteilen, Nichtverstoßen Schuld stiftet. Dabei handelt es sich nicht um eine rechtsgeschichtliche Reminiszenz; auch heute gilt, daß jemand sich in die Schuld

eines anderen verstrickt, wenn er mit ihm Solidarität
aufrechterhält oder herstellt. Das Prinzip ist das folgende: Das Nichtlossagen verstrickt in alte und fremde
Schuld, aber so, daß es neue, eigene Schuld erzeugt; die
Glieder der Solidargemeinschaft, die durch die Tat
selbst nicht schuldig geworden sind, denen sie aber
gleichwohl vorgeworfen wird, laden eigene Schuld auf
sich, wenn sie auf den Vorwurf nicht dadurch antworten, daß sie sich von der fremden Schuld lossagen. Nach
diesem Prinzip konnten Deutsche, wo nicht vor 1945
als Täter und Beteiligte, so danach als die schuldig werden, die sich von den Tätern und Beteiligten nicht losgesagt haben. Daß die Deutschen dies nicht oder doch
nur zufällig und halbherziger getan haben, als sie ver-
mocht hätten, steht außer Zweifel.[39] Sie haben es auch
da nicht getan, wo sie kollektiv Schuld bekannt haben;
indem die Schuld für alle bekannt und dann auch für alle
um Vergebung gebeten und gebetet wurde, wurde auf
die Lossagung von den einzelnen Tätern und Beteiligten verzichtet.

Die Netze der Schuld haben, wenn man so will,
ihre Tragik. Denn das Lossagen, Verurteilen, Verstoßen
kann oft und konnte auch nach 1945 nicht voll gelingen.
Da sind die großen Zahlen: Die auf die eine oder andere
Weise Beteiligten waren zu viele. Da ist aber auch die
schlimme Alternative zwischen der Lossagung durch
eine Nacht der langen Messer, die neben Schuldigen
auch Unschuldige trifft, und der Lossagung durch
rechtsstaatliche, gerichtsförmige Verfahren, die vor

---

39 Vgl. z. B. R. Giordano, *Die zweite Schuld oder von der Last, Deutscher
    zu sein*, Hamburg/Zürich 1987; A. u. M. Mitscherlich, *Die Unfähig-
    keit zu trauern. Grundlagen kollektiven Verhaltens*, München 1967.

dem organisierten Verbrechen versagen.[40] Eine dritte
Möglichkeit gibt es nicht. Selbst wenn die Deutschen
sich nicht zufällig und halbherzig, sondern konsequent
und entschieden von Tätern und Beteiligten hätten lossagen wollen, wäre ihnen die Schuld nicht erspart geblieben: weil das Lossagen nicht alle Schuldigen oder
weil es auch Unschuldige getroffen hätte.

V.

Und die Kinder? Daß die Täter, Anstifter und Beihelfer
schuldig sind, versteht sich. Wir verstehen auch, daß die
schuldig wurden, die Widerstand und Widerspruch unterlassen haben, obwohl sie dazu fähig waren. Wir verstehen sogar, daß in Schuld auch verstrickt wurde, wer
sich von den Tätern und Beteiligten nicht losgesagt, sie
nicht verurteilt, verstoßen hat. Schließlich verstehen
wir, daß die Lossagung, wäre sie radikal geschehen,
wieder Schuld erzeugt hätte. Aber müssen auch die
Kinder in diese Netze der Schuld verstrickt werden?

Nach den bisherigen Überlegungen scheint die Antwort auf diese Frage einfach: Wenn Angehörige einer
Solidargemeinschaft nur schon dadurch schuldig werden, daß sie sich von schuldigen Angehörigen der Solidargemeinschaft nicht lossagen, und wenn das Volk
eine entsprechende Solidargemeinschaft ist, dann verstricken sich die Kinder in die Schuld des Nichtlos-

---

40 Vgl. J. Baumann, *Der Aufstand des schlechten Gewissens. Ein Diskus-
   sionsbeitrag zur Verjährung der NS-Gewaltverbrechen*, Bielefeld
   1965; A. Rückert, *NS-Verbrechen vor Gericht. Versuch einer Vergangenheitsbewältigung*, Heidelberg 1982; J. Weber/P. Steinbach, *Vergangenheitsbewältigung durch Strafverfahren?*, München 1984.

sagens deshalb, weil diese Schuld auf sie wartet, bis sie
zum Erkennen der fremden Schuld, zum Lossagen von
ihr und damit zur eigenen Schuld fähig werden. Aber
ich meine, daß der Befund in zwei Hinsichten kompli-
zierter ist.

Erstens läßt sich beobachten, daß Kinder, deren Eltern allein dadurch schuldig wurden, daß sie sich nach
1945 nicht losgesagt haben, die also weder Täter noch
auf die eine oder andere Weise Beteiligte waren, von
Schuldgefühlen regelmäßig frei sind. Der Schuldzusammenhang, den die Norm, sich loszusagen, stiftet,
scheint nicht weit genug zu reichen. Es ist nicht so, daß
er nur in der Horizontalen, aber nicht in der Vertikalen
wirkt, denn Kinder der Täter, Anstifter und Beihelfer
sowie in schwächerem Ausmaß Kinder der Eltern, die
trotz entsprechender Fähigkeit Widerstand und Widerspruch unterlassen haben, empfinden häufig durchaus
ein Schuldgefühl und die Herausforderung, sich mit
den Eltern über deren Schuld auseinander- und von ihnen abzusetzen, loszusagen. Vielleicht kann man sagen,
daß die Norm, sich loszusagen, nur ein Glied weit
reicht, ein Glied in der Horizontalen und ein Glied in
der Vertikalen, von den Tätern und sonst Beteiligten zu
ihren Zeitgenossen und zu ihren Abkömmlingen, aber
nicht über die Zeitgenossen zu deren Abkömmlingen.
Warum das so ist, dazu will ich sogleich eine Erklärung
versuchen; ich möchte zunächst den Befund weiterer-
heben. Zu ihm gehört zweitens, daß Kinder der Opfer
oft auf ähnlich hilflose und verzweifelte Weise vom Leiden ihrer Eltern gezeichnet sind wie die Kinder der Täter von deren Taten. In den vergangenen Jahren war sowohl über die einen wie die anderen einiges zu lesen,

und hier wie dort waren ängstliche, mißtrauische Abkapselung, trotzige Abwehr, schreiende Anklage und darin die Not spürbar, unter der Last des elterlichen Opfer- oder Täterschicksals die eigene Identität zu finden.[41] Vielleicht wird diese Not nur von Täterkindern als Schuldgefühl bezeichnet. Aber gleichgültig wie sie von Opferkindern bezeichnet wird, sie wird ähnlich erlebt. In den Kindern werden Opfer- und Schuldschicksal einander verwandt.

Ich will versuchen, den Befund zu erklären, zunächst in der ersten Hinsicht. Die Schuld des Nichtlossagens setzt eine Solidargemeinschaft voraus. Diese muß als Gemeinschaft tatsächlich erlebt werden, als Gemeinschaft mit Menschen, mit denen man in Umgang und Austausch steht. Solidargemeinschaft ist nichts Unfaßbares und Übersinnliches, sondern ein konkreter Kommunikations- und Interaktionszusammenhang konkreter Menschen. Insofern reicht die gemeinsame Zugehörigkeit zu einem Volk u. U. noch nicht aus, die Solidargemeinschaft herzustellen. Diese muß konkret erlebt werden, und sie wird es zwar nicht nur in der Zugehörigkeit zu einer Generation oder zu einer Familie, aber hier besonders elementar. Die Zugehörigkeit zu einer Generation oder zu einer Familie vermittelt die Zugehörigkeit zur Solidargemeinschaft des Volks als persönliche Erfahrung. Eigene Identifikation mit dem Volk, seinen Gestalten und seiner Geschichte, und entsprechende fremde Wahrnehmungen und Erwartungen

---

41 Vgl. C. Edvardson, *Gebranntes Kind sucht das Feuer*, München/Wien 1986; P. Sichrowsky, *Schuldig geboren. Kinder aus Nazifamilien*, Köln 1987; H. Epstein, *Die Kinder des Holocaust. Gespräche mit Söhnen und Töchtern von Überlebenden*, München 1987.

können die Vermittlung grundsätzlich ebenfalls leisten,
tun dies aber weniger klar und weniger stark. Man kann
sie überdies vermeiden und sich ihnen entziehen, kann
entschlossen im Hier und Jetzt statt aus der Geschichte
leben und dem Kontakt mit dem Nichtdeutschen, der
einem als Deutscher mit bestimmten Erwartungen begegnet, ausweichen. Die Begegnung mit und die Zugehörigkeit zur eigenen Familie oder Generation ist dagegen unausweichlich, und daher greift die Norm, sich
loszusagen, jedenfalls das eine Glied in der Horizontalen und in der Vertikalen weit.

Nun zur zweiten Hinsicht des Befunds. Daß die Kinder der Opfer selbst wieder Opfer sind, daß sie ihr Opferschicksal ähnlich dem Schuldschicksal der Kinder
der Täter erleben, kann als Hinweis auf eine Schuld der
Opfer selbst verstanden werden. Wenn schuldig ist, wer
nicht Widerstand und nicht Widerspruch geleistet hat,
dann können dessen nicht nur die schuldig sein, die dabeigestanden und zugesehen haben, sondern auch die
Opfer. Entscheidend ist allein, ob sie zu Widerstand
und Widerspruch fähig waren. Diese Fähigkeit ist ihnen
weder schlechterdings zu- noch abzusprechen. Die
Einsicht in die Notwendigkeit von Widerstand und
Widerspruch sowie das Vermögen, entsprechend der
Einsicht zu handeln, weil dabei letztlich eher zu gewinnen als zu verlieren ist – es gab sie bei den Opfern
ebenso wie bei den anderen, die dabeigestanden und zugesehen haben. Und sowohl bei den Opfern als auch bei
den anderen gab es die, die Widerstand und Widerspruch tatsächlich geleistet haben, und die, die ihn nicht
geleistet haben. Gewiß, die Opfer waren durch Angst
gelähmt und von Hoffnung verwirrt und haben daher

die Augen verschlossen und die Einsicht verdrängt. Das ist zu verstehen. Aber zu verstehen ist vieles. Sogar in der kaltschnäuzig gestellten Frage, die ich in einer einschlägigen Diskussion gehört habe, liegt etwas, das verstanden werden kann und sogar muß: Wenn nicht einmal die Juden Widerstand und Widerspruch geleistet haben, obwohl es um ihr eigenes Leben ging und sie nichts mehr zu verlieren hatten, warum sollten dann die Deutschen widerstehen und widersprechen, die selbst gar nicht betroffen und bedroht waren?

Daß die Opfer selbst schuldig werden konnten, mag man kaum aussprechen. Die Furchtbarkeit ihres Leidens verschlägt einem die Feststellung ihrer Schuld. Aber in den Kindern wird die Wahrheit, die man nicht aussprechen mag, sichtbar. Daß die Eltern gelitten haben, ist allein noch nichts, was in Abkapselung, Abwehr, Anklage und in die Not führt, die eigene Identität zu finden. Erst das Scheitern und die Schuld, die im Opferschicksal der Eltern liegen können, lasten auf den Kindern derart, daß sie sich lossagen müssen, lossagen wie auch die Kinder der Täter und sonst Beteiligten.

Damit wird zugleich deutlich, was das für die Kinder heißt: lossagen. Es heißt nicht, daß man die, von denen man sich lossagen muß, nicht eigentlich verstehen kann. Es heißt auch nicht, daß man sie nicht eigentlich lieben kann. Es bedeutet vielmehr, daß man ihr Leben nicht nachleben, ihr Schicksal nicht übernehmen, ihre Botschaften nicht erfüllen will. »Elternaustreibung« kann allerdings auch bis zur Aufkündigung des Verständnisses und der Liebe gehen;[42] das Verständnis für die Eltern

42 Vgl. V. E. Pilgrim, *Die Elternaustreibung*, Reinbek 1986.

und die Liebe zu ihnen können das Kind in eine defor-
mierende Solidar- und Schuldgemeinschaft verstricken,
die um der Rettung der eigenen Identität willen zer-
schlagen werden muß. Reinhard Frank hat das unlängst
öffentlich gegenüber seinem Vater Hans Frank getan,[43]
und ich verstehe zwar, daß die Öffentlichkeit es nicht
mochte, aber ich verstehe auch, daß Reinhard Frank es
mußte.[44] Die Alternative, den Vater zu lieben und zu
verstehen und zugleich seine Taten zu verurteilen und
zu verabscheuen, hätte ihn zerrissen.

VI.

Ich komme zum Ende. Von dem Fluch der Kinder, zu
dem die Schuld der Eltern wird, befreit kein Richter,
kein Gerichtsverfahren und kein Urteilsspruch. Vielleicht tut es der Psychotherapeut oder der Psychoana-
lytiker. Offensichtlich kann an die Stelle der Befreiung
auch die Verdrängung treten, mehr oder weniger inten-
siv irritiert durch gelegentliche Gefühle der Betroffenheit und Befangenheit, Peinlichkeit und Scham. Jedenfalls wird über die Generationen das kollektiv erlebte
historische Ereignis zum individuellen psychischen
Geschehen, mündet die Aufgabe der Lossagung von
der spezifischen, historischen Schuld in die der Findung
der eigenen Identität, wie sie sich jeder Generation
stellt. Im sog. Historikerstreit schwanken nochmals
Angehörige der Generation der Kinder zwischen Lossagung und Verdrängung. Für die Generation der Enkel

43 *Stern* v. 4. 6. 1987.
44 Vgl. zu den Reaktionen H. M. Broder, *Der Spiegel* v. 6. 7. 1987, S. 166.

ist er nicht viel mehr als ein Lehrstück dazu, wie individuelle Wissenschaftler mit diesem Konflikt und zugleich dem Anspruch wissenschaftlicher Redlichkeit
zurechtkommen.

Die Normen des Rechts und auch die anderen Normen, die den Rechtsnormen im Laufe der bisherigen
Überlegungen an die Seite gestellt wurden, entlassen,
was die nationalsozialistischen Verbrechen angeht, die
kommenden Generationen schuldlos in die Zukunft.
Sie entlassen sie auch weithin geschichtslos in die Zukunft; in der Entscheidung, die eigene Identität von der
Geschichte her oder ganz im Hier und Jetzt zu definie-
ren, haben die kommenden Generationen einige Freiheit. Soweit sie sich allerdings für die geschichtsgesät-
tigte Identität entscheiden oder von den Angehörigen
anderer Völker in ihr gehalten werden, stehen sie auch
in einer gewissen Solidarität mit den vergangenen Generationen und haben sich in gewisser Weise wieder mit
deren Schuld auseinanderzusetzen, müssen sie annehmen
men oder sich von ihr lossagen. In der Geschichte ist
die Schuld bewahrt, mit ihr bleibt sie in der Zukunft lebendig.

Rechtsstaat und revolutionäre Gerechtigkeit

I. Der deutsche Sonderweg bei der strafrechtlichen Bewältigung kommunistischer Vergangenheit

Kein Land hat für die Bewältigung seiner kommunistischen Vergangenheit so auf das Strafrecht gesetzt wie Deutschland. Die politische Forderung nach strafrechtlicher Abrechnung mit seinerzeit zur Stützung des Systems begangenem Mord, Folter, Freiheitsberaubung und Rechtsbeugung begegnet uns zwar in allen ehemals kommunistischen Ländern. Aber sie wird oft nur leise und nie so laut wie in Deutschland erhoben.[1] Sie hat, besonders in Ungarn, Polen und Tschechien, dazu geführt, daß Staatsanwaltschaften Ermittlungen aufgenommen haben. Aber über einschlägige Verurteilungen war bis auf die Verurteilung des ehemaligen tschechoslowakischen Innenministers Frantisek Kincl in der Tages- und Fachpresse noch nichts zu lesen und bei den Botschaften nichts zu erfahren. Ein ungarisches Gesetz von November 1991, das ähnlich dem deutschen Gesetz über das Ruhen der Verjährung bei SED-Unrechtstaten vom April 1993 die Verfolgung systemstützender Straftaten dadurch fördern wollte, daß es ihre

Dieser Beitrag erschien zuerst in: *Neue Justiz. Zeitschrift für Rechtsetzung und Rechtsanwendung*, 48. Jahrgang, 1994, Heft 10, S. 433-437.

[1] Vgl. zu diesem deutschen Sonderweg K. Lüderssen, *Der Staat geht unter – das Unrecht bleibt? Regierungskriminalität in der ehemaligen DDR*, Frankfurt/M. 1992, S. 12 ff.

Verjährung erst 1990 beginnen ließ, wurde vom ungarischen Verfassungsgericht für verfassungswidrig erklärt,[2] und es ist offen, ob ein ähnliches polnisches Gesetz vor dem polnischen Verfassungsgericht bestehen wird. In Rumänien wurde das Ehepaar Ceauşescu erschossen und der Sohn eingesperrt wie auch in Albanien die Witwe Hodscha und in Bulgarien Todor Shiwkow, Georgi Atanassow und Rumen Owtscharow. Eine weitergehende Verfolgung systemstützender Straftaten wird hier wie auch in Rußland und in Staaten des ehemaligen Jugoslawien entweder überhaupt nicht gewollt oder angesichts der drängenden Probleme des Tages nicht für hinreichend wichtig gehalten.

Warum zeigt gerade Deutschland einen derartigen strafrechtlichen Eifer? Was unterscheidet Deutschland von den anderen Ländern mit kommunistischer Vergangenheit? Ist es der Umstand, daß Deutschland über die erforderliche strafrechtliche und -gerichtliche Infrastruktur verfügt, die in den anderen Ländern mit kommunistischer Vergangenheit erst geschaffen wird? Aber dieser Umstand könnte allenfalls Schwierigkeiten bei der Durchführung der strafrechtlichen Bewältigung der kommunistischen Vergangenheit erklären, nicht jedoch die Unwilligkeit oder Zurückhaltung, die strafrechtliche Bewältigung auch nur in Angriff zu nehmen. Hat der Unterschied seine Ursache in einem Bedürfnis der deutschen Justiz, bei der strafrechtlichen Bewältigung kommunistischen Unrechts zu leisten, was bei der strafrechtlichen Bewältigung nationalsozialistischen Unrechts versäumt wurde? Aber was für ein seltsames

---

2 Entscheidungen des Ungarischen Verfassungsgerichts 1992, S. 77.

Bedürfnis wäre dies und was für eine seltsame Vorstellung, man könne verschiedene historische Kontexte gewissermaßen miteinander verrechnen. Ist der Umstand entscheidend, daß es in Deutschland in anderer Weise Sieger und Besiegte gibt als in den anderen Ländern? Daß der kalte Krieg in Deutschland ein kalter Bürgerkrieg war, daß es jetzt eine siegreiche und eine besiegte deutsche Bürgerkriegspartei gibt und daß Bürgerkriege, wie mit besonderer Erbitterung geführt, so auch mit besonderem Abrechnungs- und Vergeltungseifer beendet werden? Der Vorwurf der Siegerjustiz, in der politischen Auseinandersetzung immer wieder erhoben, meint ebendies. Er kann darauf hinweisen, daß nur da, wo es wie in Deutschland eine siegreiche und eine besiegte Bürgerkriegspartei oder einen übernehmenden und einen übernommenen Landesteil gibt, der Übernehmende seine Elite an die Stelle der Elite des Übernommenen setzen und diesen Elitenaustausch strafrechtlich begleiten und legitimieren kann. Wo, wie in den anderen Ländern mit kommunistischer Vergangenheit, die alten Eliten weithin auch die neuen sind und mangels anderer Kandidaten auch sein müssen – wer sollte da mit wem strafrechtlich abrechnen?

Die historischen Erfahrungen mit Bürgerkriegen, Wiedervereinigungen, Reunifications und Reconstructions sind freilich keineswegs stets Abrechnungs- und Vergeltungserfahrungen. Der amerikanische Sezessionskrieg, erbittert um Teilung oder Einheit des Staats und die Gestalt der amerikanischen Gesellschaft geführt, endete in Versöhnung.[3] Solange er dauerte, wurde im

---

3 Vgl. E. Froner, *Reconstruction. America's Unfinished Revolution*, New York ²1989, S. 176ff.

Norden der Prozeß gefordert für die Offiziere, Beamten und Politiker des Südens, die ehedem den Eid auf die Union geleistet hatten, für Spione und für die, die Sklaven mißhandelt und Freunde der Union verfolgt hatten. Als der Sezessionskrieg vorbei war, gab es einen einzigen Prozeß; er galt dem Kommandanten eines Südstaatenlagers wegen seiner Behandlung kriegsgefangener Nordstaatensoldaten. Gegen Jefferson Davis, den Präsidenten der Konföderation, wurde ermittelt, aber nie verhandelt, und auch die Ermittlungen wurden nicht wegen seiner Rolle als Präsident der Konföderation, sondern wegen des Verdachts seiner Beteiligung an der Ermordung von Abraham Lincoln geführt. Nicht einmal der während des Sezessionskriegs im Norden geforderte und geplante Ausschluß von Südstaatenoffizieren, -beamten und -politikern von öffentlichen Ämtern wurde über das erste Friedensjahr hinaus durchgehalten.

Einen Grund hatte diese Politik der Versöhnung und des Verzichts auf strafrechtliche Abrechnung im Wunsch von Präsident Andrew Johnson, sich der Wähler aus dem Süden zu versichern. In der politischen und gesellschaftlichen Diskussion um die richtige Art der Reconstruction werden aber zwei weitere, tiefere Gründe sichtbar.[4] Zum einen meinte man, dem Süden, mit dem man wie mit einem anderen Staat Krieg geführt hatte, mit dem man Gefangene ausgetauscht, Emissäre gewechselt und Verhandlungen gepflogen hatte, nicht nachträglich die Integrität seiner Staats- und Rechtsordnung absprechen zu können. Zum anderen erschien im Norden eine moralische Abrechnung mit dem Sü-

4 Vgl. G. Smith, *No Treason in Civil War*, New York 1865.

den, wie sie der strafrechtlichen Abrechnung innege-
wohnt hätte, unangemessen, jedenfalls problematisch.
Zwar war es, worum auch immer es politisch und ökonomisch im Sezessionskrieg gegangen war, moralisch
um die Abschaffung der Sklaverei und die Emanzipa-
tion der Schwarzen gegangen und wurde der Sieg des
Nordens über den Süden insofern als moralischer Sieg
empfunden. Aber die Institution der Sklaverei war
lange vom Norden mitgetragen, in einigen Nordstaaten
überhaupt durch den Sezessionskrieg hindurch aufrechterhalten worden. Es gab ein Gefühl gemeinsamer
moralischer Verstrickungen, zu dem Abrechnung und
Vergeltung schlecht gepaßt hätten.

Nein, Abrechnung und Vergeltung können auf einen
Bürgerkrieg folgen, folgen auf ihn aber nicht notwendig.[5] Sie können um gemeinsamer moralischer Verstrik-
kung willen unterbleiben und auch aus gemeinsamer
Erschöpfung oder aus dem gemeinsamen Wunsch nach
Neubeginn und Wiederaufbau. Allerdings kann das Bedürfnis nach Gemeinsamkeit Abrechnung und Vergeltung auch befördern. Die Abrechnung mit einigen we-
nigen Schuldigen konstituiert die Gemeinschaft der
vielen Unschuldigen. Die Verurteilung der Auswüchse
eines Systems als spektakuläre Exzesse einzelner bedeutet die Exkulpation all derer, die das System auf weniger spektakuläre Weise gestützt haben. So können
auch schlimme Abschnitte der Geschichte in das individuelle und kollektive geschichtliche Bewußtsein integriert werden: als doch nicht so schlimm, wenn man
von individuellen Exzessen absieht.

5 Zu den unterschiedlichen historischen Möglichkeiten: H. Quaritsch,
»Theorie der Vergangenheitsbewältigung«, *Staat* 1992, S. 519.

II. Die strafrechtliche Bewältigung kommunistischer Vergangenheit und das rechtsstaatliche Rückwirkungsverbot

Die Frage, wo zwischen Siegerjustiz und Besiegten-exkulpation der besondere deutsche Eifer bei der straf-rechtlichen Bewältigung der kommunistischen Vergan-genheit seinen Grund hat, beantwortet sich, so meine ich, wenn die juristischen Argumente in den Blick ge-nommen werden, deren die strafrechtliche Bewältigung sich bedient. Sie bedient sich nicht nur strafrechtlicher Argumente. Sie bedarf verfassungsrechtlicher, rechts-philosophischer und rechtsmethodologischer Argu-mente und eines spezifischen Begriffs des Rechts. Sie bedarf dessen, weil sie sich am rechtsstaatlichen Rück-wirkungsverbot bricht.

Die rechtliche Ausgangslage ist einfach. Nach Art. 103 Abs. 2 GG kann eine Tat nur bestraft werden, wenn ihre Strafbarkeit vor ihrer Begehung gesetzlich bestimmt war. Die gesetzliche Bestimmung der Straf-barkeit schließt die Festlegung des Tatbestands und der Rechtfertigungsgründe ein; nur tatbestandsmäßiges und nicht gerechtfertigtes Handeln ist strafbar. Der To-desschuß an der Mauer, der, als er abgegeben wurde, zwar den Tatbestand eines Tötungsdelikts erfüllte, aber durch einen Rechtfertigungsgrund gedeckt war, kann somit nicht bestraft werden. Einen Rechtfertigungs-grund bot das Grenzgesetz der DDR; nach dessen § 27 Abs. 2 war die Anwendung der Schußwaffe gerechtfer-tigt, um schwere Fälle des ungesetzlichen Grenzüber-tritts zu verhindern, z. B. den ungesetzlichen Grenzübertritt mit gefährlichen Mitteln oder in Gemeinschaft mit anderen, und nach § 27 Abs. 5 war dabei das Leben nur nach Möglichkeit zu schonen, also nicht in jedem Fall. Tatsächlich wurde, wer die Schußwaffe entsprechend angewandt hatte, nicht nur nicht bestraft, sondern belobigt und prämiert.[6]

Die strafrechtliche Rechtsprechung, vom LG Berlin[7] bis zum BGH[8], sieht sich an der Bestrafung von Todesschüssen an der Mauer gleichwohl nicht gehindert. Sie stützt sich, entweder alternativ oder kumulativ, auf zwei Argumente. Nach dem einen Argument soll »ein zur Tatzeit angenommener Rechtfertigungsgrund [...] dann wegen Verstoßes gegen höherrangiges Recht unbeachtet bleiben, wenn in ihm ein offensichtlich grober Verstoß gegen Grundgedanken der Gerechtigkeit und Menschlichkeit zum Ausdruck kommt; der Verstoß muß so schwer wiegen, daß er die allen Völkern gemeinsamen, auf Wert und Würde des Menschen bezogenen Rechtsüberzeugungen verletzt«.[9] Dann wird die sog. *Radbruchsche Formel* zitiert: »Der Widerspruch

---

6 Belobigt und prämiert wurde auch, wer die Schußwaffe unter Überschreitung des Rechtfertigungsgrunds angewandt hatte; der BGH sieht den Rechtfertigungsgrund daher als bloß »formal« und »Schüsse der DDR-Grenzsoldaten auf Flüchtlinge seitens der Strafverfolgungsbehörden der DDR durchgehend nicht als zu verfolgendes Unrecht« an. BGH, NJW 1994, 267 (269).

7 LG Berlin, JZ 1992, 492; JZ 1992, 691; NJ 1994, 210.

8 BGH, NJW 1993, 141; NJW 1993, 1992.

9 BGH, NJW 1993, 141 (144). Auch in der Literatur wird die Strafbarkeit mit einem Verstoß gegen überpositives Recht begründet; vgl. R. Alexy, »Aussprache«, VVDStRL 51, 1992, 133; J. Hruschka, »Die Todesschüsse an der Berliner Mauer vor Gericht«, JZ 1992, 665 (667ff.); G. Küpper/H. Wilms; »Die Verfolgung von Straftaten des SED-Regimes«, ZRP 1992, 91 (94).

des positiven Gesetzes zur Gerechtigkeit muß so unerträglich sein, daß das Gesetz als unrichtiges Recht der Gerechtigkeit zu weichen hat.«[10] Aber so recht wohl ist dem BGH bei diesem naturrechtlichen Argument nicht. Er sieht, daß der dadurch implizierte Vergleich zwischen der DDR und dem nationalsozialistischen Deutschland problematisch ist. »Die Übertragung dieser [der von Radbruch nach 1945 entwickelten] Gesichtspunkte auf den vorliegenden Fall ist nicht einfach, weil die Tötung von Menschen an der innerdeutschen Grenze nicht mit dem nationalsozialistischen Massenmord gleichgesetzt werden kann.«[11] So stellt denn der BGH neben das erste, naturrechtliche Argument ein zweites. Es sieht den Richter bei der Prüfung, was zur Tatzeit das geltende Gesetz und dessen Bestimmung der Strafbarkeit war, »nicht im Sinne reiner Faktizität an diejenige Interpretation gebunden, die zur Tatzeit in der Staatspraxis Ausdruck gefunden hat«, sondern verlangt, auf das »richtig interpretierte Gesetz« abzustellen, auf das nach Maßgabe des Grundsatzes der Verhältnismäßigkeit interpretierte Gesetz, auf das Gesetz »in menschenrechtsfreundlicher Auslegung«.[12] Nicht was zur Tatzeit als gesetzliche Bestimmung der Strafbarkeit anerkannt und praktiziert wurde, soll maßgeblich sein, sondern was nach unserem besseren, freilich späteren Verständnis hätte anerkannt und praktiziert werden müssen. Mit dem Rückwirkungsverbot gerate dies nicht in Widerspruch, weil das Rückwirkungsverbot

---

10 BGH, NJW 1993, 141 (144).
11 Ebd.
12 Ebd., 148.

Vertrauensschutz bezwecke und das Vertrauen in eine falsche und menschenrechtsfeindliche Interpretation nicht schutzwürdig sei.[13]

Das zweite Argument ist mehr als eine Variante des ersten. Es klingt zwar auch ein bißchen naturrechtlich. Aber es will die naturrechtliche Argumentation gerade hinter sich lassen und geht auch über sie hinaus, indem es auf den Begriff des Rechts und die Methode seiner Interpretation abstellt. Geltendes Recht ist nach dem zweiten Argument nicht, was als Recht anerkannt und praktiziert wird, sondern das Gesetz, wie es nach richtigem Verständnis anerkannt und praktiziert werden müßte. Das richtige Verständnis kann ein naturrechtlich-menschenrechtsfreundliches, es kann aber auch einfach ein bundesrepublikanisch-rechtsstaatliches sein. Die Fälschung von DDR-Wahlen, die in der DDR gewissermaßen dazugehörte, nie strafrechtlich verfolgt worden wäre und mit Menschenrechten und Naturrecht nichts zu tun hat, ist nach der Rechtsprechung strafbar, weil die Rechtsgüter, die die DDR-Wahlfälschungsbestimmung geschützt hat, immerhin in einem kleinen Teilbereich art- und wertgleich mit den Rechtsgütern seien, die die bundesrepublikanische Wahlfälschungsbestimmung schützt.[14] Ebenso wurde von der

---

13 Vgl. auch F.-Ch. Schroeder, »Zur Strafbarkeit von Tötungen im staatlichen Auftrag«, JZ 1992, 990 (992 ff.); Ch. Starck, »Der Rechtsstaat und die Aufarbeitung der vor-rechtsstaatlichen Vergangenheit«, VVDStRL 51, 1992, 7 (27 f.).

14 BGH, NJW 1993, 1019 (1022 f.); hierzu BVerfGE (2. Kammer des Zweiten Senats), NJW 1993, 2524; vgl. ferner LG Dresden, NJ 1993, 493; zustimmend zum Urt. des LG Dresden F. L. Lorenz, »›Rechtsgeltung‹, DDR-›Geschichte‹ und Angemessenheit von Strafe«, JZ 1994, 388; kritisch Th. Vormbaum, »Zur strafrechtlichen Verantwortlichkeit von DDR-Richtern wegen Rechtsbeugung«, NJ 1993, 212.

Rechtsprechung die DDR-Rechtsbeugungsbestimmung mit der bundesrepublikanischen zur Deckung gebracht.[15]

War das DDR-Strafrecht im Kern schon immer bundesrepublikanisch, dann kann die Anwendung bundesrepublikanischen Strafrechts auf in der DDR begangene Taten kein Rückwirkungsproblem aufwerfen. War es im Kern bei richtigem Verständnis schon immer rechtsstaatlich und menschenrechtsfreundlich, dann kann das Unrecht, das in der DDR geschah, als Exzeß abgetan und können die Jahre der DDR im übrigen in die individuelle und kollektive Biographie integriert werden. Waren systemspezifische Emanationen von Macht schon immer gegen besseres Wissen oder jedenfalls Wissen-Können rechtsstaatswidrig und menschenrechtsfeindlich, dann sind die damaligen Eliten, die es wußten oder hätten wissen können, nachhaltig diskreditiert. So hat der besondere deutsche Eifer bei der strafrechtlichen Bewältigung der kommunistischen Vergangenheit einen doppelten Grund. Er dient zugleich der Siegerjustiz und der Besiegtenexkulpation; er legitimiert den Westen, wenn er seine Elite anstelle der alten Elite des Ostens setzt, und exkulpiert im Osten alle, die sich in den DDR-Jahren nicht als Elite oder mit Exzessen exponiert haben. Ob derart die Spannungen zwischen Ost und West gemindert, das Zusammen-

15 OLG Braunschweig, DtZ 1992, 126; einschränkend BGHSt 40, 169; auf der Linie der untergerichtlichen Rechtsprechung M. Seebode, »Rechtsbeugung und Rechtsbruch«, JR 1994, 1; E.-C. Rautenberg/G. Burges, »Anfangsverdacht wegen Rechtsbeugung gegen Staatsanwälte und Richter in der früheren DDR«, DtZ 1993, 71; E. Wolf, »Rechtsbeugung durch DDR-Richter«, NJW 1994, 1390; die Gegenposition vertritt Vormbaum (Fn. 14).

wachsen gefördert und eine gemeinsame politische
Kultur etabliert wird, ist, so scheint mir, skeptisch zu
beurteilen, um so skeptischer, als die gemeinsame politische Kultur rechtsstaatsbewußt und dem Rechtsstaat
verpflichtet sein sollte. Mit dem Rechtsstaat aber verträgt sich die gekennzeichnete strafrechtliche Bewältigung der kommunistischen Vergangenheit schlecht.

III. Das rechtsstaatliche Rückwirkungsverbot und der Begriff des Rechts

Mit dem Rechtsstaat schlecht verträglich ist bereits der
Begriff des Rechts, den die strafrechtliche Rechtsprechung zur Überspielung des Rückwirkungsverbots entwickelt hat. Als geltendes Recht nicht anzusetzen, was
als Recht anerkannt und praktiziert wird, sondern was
als Recht anerkannt und praktiziert werden müßte, beraubt den Rechtsbegriff einer wesentlichen Dimension:
der Wirklichkeit.[16] Dabei ist noch nicht entscheidend,
wie sich diese empirische Dimension im Begriff der Geltung und des geltenden Rechts mit der anderen, der
ideell-normativen Dimension zusammenfügt. Wie
auch immer dieses klassische Problem der Rechts- und
Staatsphilosophie zu fassen und zu lösen sein mag – daß
sich die empirische und die ideell-normative Dimension
im Rechtsbegriff zusammenfügen, versteht sich für jede

16 Vgl. G. Jakobs, »Vergangenheitsbewältigung durch Strafrecht? Zur
Leistungsfähigkeit des Strafrechts nach einem politischen Umbruch«,
in: J. Isensee (Hg.), *Vergangenheitsbewältigung durch Recht*, Berlin
1992, S. 37 (44); ders., »Untaten des Staates – Unrecht im Staat«, GA
1994, S. 1.

Problemfassung und -lösung.[17] Nehmen wir nur *Gustav Radbruch*, den die strafrechtliche Rechtsprechung mit der Formel vom Gesetz zitiert, das bei unerträglichem Widerspruch zur Gerechtigkeit dieser als unrichtiges Recht zu weichen hat. Der Rechtsbegriff, den er rechtsphilosophisch von seinem frühen, relativistisch-positivistisch geprägten Denken ins späte, naturrechtlich inspirierte durchhält und auch ohne Widerspruch durchhalten kann, ist der des Rechts als der »Wirklichkeit, die den Sinn hat, dem Rechtswert, der Rechtsidee zu dienen«, wobei »die Idee des Rechts [...] keine andere sein [kann] als die Gerechtigkeit«.[18] Verfehlt die Wirklichkeit des Rechts die Idee des Rechts, dann stellt sich die Frage, ob noch von Recht die Rede sein kann, und die späte Formel gibt darauf eine Antwort. Aber auch diese späte, naturrechtlich inspirierte Antwort springt nicht über die Wirklichkeit hinaus. Sie spricht der schlechten Wirklichkeit den Anspruch ab, als Recht zu gelten. Aber sie bestreitet nicht, daß es der Wirklichkeit bedarf, damit Recht gilt, daß geltendes Recht nur ist, was als Recht anerkannt und praktiziert wird.

Der Rechtsbegriff, den die strafrechtliche Rechtsprechung zur Überspielung des Rückwirkungsverbots verwendet,[19] ist nicht nur rechts- und staatspolitisch

---

17 Selbst das normative Konzept der »Reinen Rechtslehre« Kelsens bezieht die empirische Wirksamkeit in den Geltungsbegriff ein; H. Kelsen, *Reine Rechtslehre*, Wien ²1960, S. 215 ff.

18 G. Radbruch, *Rechtsphilosophie*, Stuttgart ⁸1973, S. 119 f.

19 Ablehnend auch F. Dencker, »Vergangenheitsbewältigung durch Strafrecht? Lehren aus der Justizgeschichte der Bundesrepublik«, KritV 1990, 299 (305); H. Dreier, »Aussprache«, VVDStRL 51, 1992, 137; G. Grünwald, »Die strafrechtliche Bewertung in der DDR begangener Handlungen«, StV 1991, 31; J. Isensee, »Aussprache«, VVDStRL 51, 1992, 135; ders., »Der deutsche Rechtsstaat vor seinem un-

falsch. Das wäre von minderer Bedeutung. Die Verkürzung des Rechtsbegriffs um die Wirklichkeitsdimension hat Folgen, die sich mit dem Rechtsstaat schlecht vertragen. Denn die Wirklichkeitsdimension, die Dimension des Geltens in der Wirklichkeit umschließt die Allgemeinheit des Rechts. Recht gilt, wenn es im allgemeinen anerkannt und praktiziert wird. Damit es im allgemeinen anerkannt und praktiziert werden kann, muß es Allgemeinheit beanspruchen, allgemeine, generelle Qualität besitzen. Hier ist, so meine ich, auch der systematische Ort, an dem sich die empirische und die ideell-normative Dimension im Rechtsbegriff zusammenfügen. Auch der Gerechtigkeit als der Idee des Rechts eignet der Anspruch, die sozialen Verhältnisse im Sinne der Allgemeinheit und Gleichheit zu gestalten. Und der Rechtsstaat ist nach Geschichte und Tradition der Staat, in dem allgemeine Regelungen in allgemeiner Geltung stehen.

Diesen Allgemeinheitsanspruch muß der gegenwärtige Versuch einer strafrechtlichen Bewältigung der kommunistischen Vergangenheit schon im Ansatz preisgeben. Es versteht sich, daß Staatsanwaltschaften und Gerichte sich nur mit einem geradezu lächerlich kleinen Teil derer werden beschäftigen können, gegen die unter dem Gesetz über das Ruhen der Verjährung

rechtsstaatlichen Erbe«, in: ders. (Hg.), *Vergangenheitsbewältigung durch Recht*, Berlin 1992, S. 91 (106); G. Jakobs, »Vergangenheitsbewältigung durch Strafrecht?« (Fn. 16); ders., *Strafrecht. Allgemeiner Teil*, Berlin ²1991, S. 69; ders., »Untaten des Staates – Unrecht im Staat« (Fn. 16); B. Pieroth, »Der Rechtsstaat und die Aufarbeitung der vorrechtsstaatlichen Vergangenheit«, VVDStRL 51, 1992, 92 (103); H.-J. Scholten, »Zur Bedeutung von § 7 StGB für die Verfolgung von Straftaten des SED-Regimes«, ZRP 1992, 476.

bei SED-Unrechtstaten auf Jahre und Jahrzehnte nach den in der Rechtsprechung entwickelten Kriterien als Mauerschützen, Minenleger, Gefängnisaufseher, Wahlfälscher, Rechtsbeuger, Spione etc.[20] zu ermitteln und zu verhandeln wäre. Was aus der Fülle strafrechtlicher Bewältigung, die danach stattfinden müßte, tatsächlich stattfindet, wird vom persönlichen Engagement des Justizministers des Landes und der örtlichen Staatsanwälte abhängen, davon, was ihnen gerade zur Kenntnis kommt, was gerade die Öffentlichkeit beschäftigt, was leicht zu ermitteln ist, was eine problemlose Verurteilung verspricht. Das ist Strafrechtspflege unter der Maxime nicht der Allgemeinheit, sondern des Zufalls. Warum auch nicht – das Recht, das hier gepflegt wird, ist seinerseits nicht durch allgemeine Geltung in der Wirklichkeit gekennzeichnet, sondern wird in den nachträglichen Entscheidungen, wie es hätte anerkannt und praktiziert werden müssen, erst Stück um Stück konstituiert.

Zur Überspielung des Rückwirkungsverbots hat die strafrechtliche Rechtsprechung ihren falschen Begriff des Rechts entwickelt. Dies weist darauf hin, daß das Rückwirkungsverbot im Begriff des Rechts selbst wurzelt, im Begriff des Rechts, wie er dem Rechtsstaat gemäß und zugehörig ist. Nur Recht, das vor der Tat feststeht und nicht nach der Tat festgesetzt, auf die Tat zugeschnitten wird, bietet die Gewähr der Allgemeinheit. Alles weitere, was in der Diskussion um den Sinn und die Logik des Rückwirkungsverbots erörtert

20 Zu den Erscheinungsformen der »Regierungskriminalität«: C. Schaefgen, »DDR-Regierungskriminalität. Erscheinungsformen und Probleme«, in: *Recht und Politik* 1992, S. 191.

wurde und wird, knüpft daran an.[21] Nur die Allgemeinheit des Rechts verbürgt Schutz vor Willkür, nur bei vor der Tat feststehendem, allgemeinem Recht kann der Bürger wissen, wessen er sich vom Staat zu versehen hat, nur ein vor der Tat feststehendes, allgemeines Recht kann Magna charta des Verbrechers, Motivation für den rechtstreuen Bürger, Grundlage für einen Schuldvorwurf an den rechtsuntreuen Bürger sein und was der Überlegungen zu Sinn und Logik des Rückwirkungsverbots mehr ist. Dabei versteht sich, daß das vor der Tat feststehende, allgemeine Recht nicht nur das genau so im Gesetz formulierte Recht ist, das des Richters nur noch als seines Mundes bedarf. Es ist das Recht, wie es anerkannt und praktiziert wird.[22]

Der rechtsdogmatische Zusammenhang zwischen Rückwirkungsverbot und Rechtsstaat ist ein doppelter, weil unsere Rechtsordnung das Rückwirkungsverbot in zweierlei dogmatischer Gestalt enthält. Zum einen gibt es das Rückwirkungsverbot, das im Strafrecht gilt und unbedingt gefaßt ist. Zum anderen gibt es einen allgemeinen Schutz gegen rückwirkendes Staatshandeln, der auf das Vertrauen des Bürgers abstellt, nach echter und unechter Rückwirkung und mehr oder weniger schutzwürdigem Vertrauen differenziert und nur gelegentlich zum Rückwirkungsverbot erstarkt.[23] Dieses

---

21 Vgl. zum Rückwirkungsverbot historisch und aktuell H.-L. Schreiber, *Gesetz und Richter. Zur geschichtlichen Entwicklung des Satzes nullum crimen, nulla poena sine lege*, Frankfurt/M. 1976.

22 So auch J. Isensee, »Der deutsche Rechtsstaat vor seinem unrechtsstaatlichen Erbe« (Fn. 19); G. Jakobs, *Strafrecht. Allgemeiner Teil* (Fn. 19).

23 Zum allgemeinen Rückwirkungsverbot: B. Pieroth, *Rückwirkung und Übergangsrecht*, Berlin 1981.

bedingte Rückwirkungsverbot wird aus dem Rechts-
staatsgebot des Art. 20 Abs. 3 GG abgeleitet,[24] jenes
unbedingte bedarf keiner solchen Ableitung, sondern
findet sich, kategorisch formuliert, in Art. 103 Abs. 2
GG. Zwar wird es, wie auch das bedingte Rückwirkungsverbot, den Rechtsstaatsgrundsätzen des Art. 20
Abs. 3 GG nicht derart zugerechnet, daß es über Art. 79
Abs. 3 GG der Verfassungsänderung entzogen wäre.[25]
Aber es ist anerkannt, daß es die Gestalt des grundgesetzlichen Rechtsstaats prägt[26] und dadurch auch an
der Wiege des bedingten Rückwirkungsverbots steht.
Beide Rückwirkungsverbote kreisen um den Rechtsstaat, beide stehen durch diesen Bezug zum Rechtsstaat
in einem systematischen Zusammenhang. Gleichwohl
sind beide völlig verschieden. Das Abstellen auf das
schutzwürdige Vertrauen des Bürgers ist dem unbe-
dingten Rückwirkungsverbot des Art. 103 Abs. 2 GG
ganz fremd.[27]

Die strafrechtliche Rechtsprechung verkennt auch
dies. »Das Rückwirkungsverbot [...] schützt das Vertrauen, das der Angeklagte zur Tatzeit in den Fortbe-

24 Vgl. BVerfGE 25, S. 269 (289 f.); 72, 200 (257); H. D. Jarass, in: ders./B.
Pieroth, *Grundgesetz für die Bundesrepublik Deutschland*, München
²1992, Art. 20. Rn. 47 ff.; F. E. Schnapp, in: I. v. Münch/Ph. Kunig, *GG-
Kommentar*, 1. Bd., München ⁴1992, Art. 20 Rn. 27.

25 Pieroth (Fn. 19), 106.

26 Vgl. die einzelnen staatsrechtlichen Herleitungen des Regelungsge-
halts von Art. 103 Abs. 2 GG, BVerfGE 64, 389 (394 – Willkürverbot);
73, 206 (235 – Gewaltenteilung); Schreiber (Fn. 21), S. 215 ff. (Gesetz-
mäßigkeitsprinzip); R. Wassermann, in: *Alternativ-Kommentar zum
GG für die Bundesrepublik Deutschland*, 1. Bd., ²1989, Art. 103 Rn. 44
(auch Demokratieprinzip).

27 Das Bundesverfassungsgericht nimmt Art. 103 Abs. 2 GG ausdrücklich von den an den Vertrauensschutz anknüpfenden Einschränkungen
des allgemeinen Rückwirkungsverbots aus; vgl. BVerfGE 25, 269 (289,
291).

stand des damals geltenden Rechts gesetzt hat«[28] – das ist ebenso richtig als Pointe des Rückwirkungsverbots von Art. 103 Abs. 2 GG wie falsch als dessen Bedingung. Als Pointe ist es denn auch in der Kommentarstelle gemeint, auf die der BGH hier verweist.[29] Aber als Bedingung wird es vom BGH verstanden und verwandt. »Die Erwartung, das Recht werde, wie in der Staatspraxis zur Tatzeit, auch in Zukunft so angewandt werden, daß ein menschenrechtswidriger Rechtfertigungsgrund anerkannt wird, ist nicht schutzwürdig. Es ist keine Willkür, wenn der Angeklagte, was die Rechtswidrigkeit seines Tuns angeht, so beurteilt wird, wie er bei richtiger Auslegung des DDR-Rechts schon zur Tatzeit hätte behandelt werden müssen.«[30]

Nun ist der Trend zur Subjektivierung objektiver und zur Materialisierung formaler rechtlicher Befunde allgemein zu beobachten.[31] Der BGH liegt im Trend. Aber gerade als oberstes Strafgericht darf er in diesem Trend nicht liegen. »Nulla poena, nullum crimen sine lege« ist gerade in seiner Objektivität und Formalität das rechtsstaatliche Proprium des Strafrechts. Es wird preisgegeben, wenn das unbedingte Rückwirkungsverbot des Art. 103 Abs. 2 GG auf das Niveau des bedingten Rückwirkungsverbots reduziert wird.

Ich vermute, daß der BGH auch nicht ganz ohne Skepsis gegenüber dem Trend, nicht ganz ohne Gespür

---

28 BGH, NJW 1993, 141 (148).
29 H. Rüping, in: *Bonner Kommentar zum GG*, Stand Okt. 1993, Art. 103 Abs. 2 Rn. 16.
30 BGH, NJW 1993, 141 (148).
31 Vgl. auf dem Gebiet des Verfassungsrechts die kritische Bestandsaufnahme von E.-W. Böckenförde, *Zur Lage der Grundrechtsdogmatik nach 40 Jahren Grundgesetz*, München-Nymphenburg 1989.

für das Rückwirkungsverbot in seiner Objektivität und Formalität ist. Es wäre dies ein weiterer Grund, warum der BGH letztlich nicht auf die Radbruchsche Formel, auf das naturrechtliche Argument setzen möchte. Denn das naturrechtliche Argument trifft nicht nur das ehemalige, das DDR- oder auch das nationalsozialistische Recht, sondern gefährdet das gegenwärtig geltende Rückwirkungsverbot selbst. Daß das ehemalige Recht nur nach Maßgabe seiner Vereinbarkeit mit dem Naturrecht gilt, ist ja, ohne daß sich im Ergebnis etwas ändert, dahin zu übersetzen, daß das Rückwirkungsverbot nur nach Maßgabe der Vereinbarkeit seiner Konsequenzen mit dem Naturrecht gilt. So oder so wird jemand bestraft, wenn es naturrechtlich angezeigt scheint, und nicht bestraft, wenn es naturrechtlich nicht angezeigt scheint. Daß aber das Rückwirkungsverbot bedeutungslos wird, wenn es nur nach Maßgabe der naturrechtlichen Richtigkeit seiner Resultate gilt, liegt auf der Hand. Wenn es sich nicht gerade gegen das mit guten Gründen daherkommende nachträgliche Strafbedürfnis richtet, hat es keinen Sinn. Nur das mit guten Gründen daherkommende Strafbedürfnis hat hinreichendes Gewicht, um durch eine Verfassungsbestimmung in die Schranken gewiesen werden zu müssen. Das mit schlechten Gründen daherkommende nachträgliche Strafbedürfnis erledigt sich von selbst.

IV. Die strafrechtliche Bewältigung
kommunistischer Vergangenheit zwischen
Rechtsstaats- und Gerechtigkeitsanforderungen

Wenn alles ist, wie vorgetragen, wenn der Rechtsstaat, der dem Rechtsstaat gemäße und zugehörige Begriff des Rechts, die rechtsstaatliche Allgemeinheit und das Rückwirkungsverbot des Art. 103 Abs. 2 GG der strafrechtlichen Bewältigung der kommunistischen Vergangenheit entgegenstehen – wo bleibt dann die Gerechtigkeit? Daß auch ihr der Anspruch eignet, die sozialen Verhältnisse im Sinne der Allgemeinheit und Gleichheit zu gestalten, ist das eine. Ist nicht das andere, daß sie das Unrecht zu benennen und die Täter des Unrechts zu bestrafen verlangt? »Wir haben Gerechtigkeit gewollt, aber den Rechtsstaat gekriegt« – soll das enttäuschte, Bärbel Bohley zugeschriebene Wort noch wahrer werden, indem nicht einmal die Gerechtigkeitsarbeit, die gegenwärtig in der strafrechtlichen Bewältigung der kommunistischen Vergangenheit geleistet wird, rechtsstaatlich akzeptabel ist?

Das Problem läßt sich noch anders fassen. Was ist der Ort der Gerechtigkeit? Der Rechtsstaat, gewiß. Im Rechtsstaat muß Gerechtigkeit verwirklicht werden. Aber im Rechtsstaat kann sie nur in Verschränkung mit Rechtssicherheit, begrenzt durch den grund- und verfahrensrechtlichen Schutz, den auch der Rechtsbrecher genießt, begrenzt auch durch das Rückwirkungsverbot verwirklicht werden. Hat sie noch einen anderen Ort, wo sie ohne diese Verschränkungen und Begrenzungen verwirklicht werden kann?

Die Revolution kennt keine rechtsstaatlichen Verschränkungen und Begrenzungen. Sie räumt mit ihnen auf, wenn sie sich gegen eine rechtsstaatliche Staats- und Verfassungsordnung richtet. Will sie eine solche gerade herstellen, dann arbeitet sie auf rechtsstaatliche Bindungen hin, unterliegt ihnen aber noch nicht. Die Revolution ist die Nullstunde des Staatsrechts wie auch des Rechtsstaats. Sie ist die Stunde der ungebundenen, der revolutionären Gerechtigkeit.

Sie kann die Stunde der reinen Gerechtigkeit sein. Rechtsstaatliche Beschränkungen der Verwirklichung von Gerechtigkeit können in der Kontinuität rechtsstaatlicher Normalität durchaus akzeptabel, beim Bruch mit einem ungerechten Regime für die gerechte Bestrafung von dessen Repräsentanten und Handlangern dagegen eine schwer erträgliche Behinderung sein. Ebenso kann die revolutionäre Nullstunde freilich die Stunde neuer und schlimmer Ungerechtigkeit sein. Die revolutionären Nächte der langen Messer treffen mit den Schuldigen auch die Unschuldigen. Auch revolutionäre Tribunale, die gegen die Repräsentanten und Handlanger des alten Regimes in erleichtertem und verkürztem Verfahren verhandeln, bieten zwar mehr Sicherheit gegen Ungerechtigkeit als sich entladender revolutionärer Volkszorn, aber nicht die Sicherheit, die rechtsstaatliche Strafverfahren bieten. Mit dem, was sie durch die Verfahren an Sicherheit gegen Ungerechtigkeit bieten, können sie die Verwirklichung von Gerechtigkeit allerdings auch wieder beschränken.

Was die revolutionäre Nullstunde in Sachen Gerechtigkeit wird, liegt in der Verantwortung der Revolutionäre. Es ist eine moralische und politische Verantwor-

tung, keine rechtliche. Es kann gute Gründe geben, auf
die Verwirklichung von Gerechtigkeit zu verzichten
und die Revolution von den entsprechenden Konflik-
ten frei, friedlich und versöhnlich zu halten. Dann ist
allerdings auch die Gelegenheit vorbei, in einem auf die
Revolution folgenden Rechtsstaat Gerechtigkeit frei
von rechtsstaatlichen Bindungen zu verwirklichen.
Anders formuliert: Wenn die Revolutionäre die Gerechtigkeit wollen, müssen sie sich die Gerechtigkeit
nehmen; was sie kriegen, wenn die Revolution vorbei
und wieder staatliche Normalität hergestellt ist, kann
nur der Rechtsstaat und Gerechtigkeit nach Maßgabe
des Rechtsstaats sein.

Wie immer, wenn es im Staatsrecht um Normal- und
Ausnahmelage geht, gibt es auch hier bei der Frage nach
dem Ort der Gerechtigkeit zwischen rechtsstaatlicher
Normalität und revolutionärer Ausnahme vermittelnde
Lösungen. Es gibt die schlechten vermittelnden Lösungen, die das, was eigentlich nur unter Suspendierung
rechtsstaatlicher Normalität rechtlich möglich ist, unter
den Bedingungen rechtsstaatlicher Normalität durch
argumentative Aufweichung der rechtsstaatlichen und
grundrechtlichen Sicherungen möglich machen wollen.
Da verflüssigen sich dann die rechtsstaatlichen und
grundrechtlichen Sicherungen in fungible Abwägungs-
kalküle und Zumutbarkeitsmutmaßungen; die Legiti-
mierung des Radikalenerlasses[32] oder der Kontakt-
sperre[33] sind Beispiele hierfür. Vermittelnde Lösungen

---

32 BVerfGE 39, 331 (351); zur Kritik des Radikalenerlasses i. e. B.
   Schlink, »Zwischen Identifikation und Distanz. Zur Stellung des Beamten im Staat und zur Gestaltung des Beamtenrechts durch das
   Staatsrecht«, *Staat* 1976, S. 335.
33 BVerfGE 49, 24 (33).

können aber auch auf Verfassungsänderungen setzen und durch sie bestimmte rechtsstaatliche und grundrechtliche Sicherungen partiell suspendieren. Mein Lehrer *Ernst-Wolfgang Böckenförde* hat vor Jahren in seiner Freiburger Antrittsvorlesung in diesem Sinn die verfassungsrechtliche Einrichtung eines kleinen Notstands zur Bekämpfung des Terrorismus erwogen.[34] Ähnlich ist daran zu denken, durch eine Verfassungsänderung Art. 103 Abs. 2 GG zu suspendieren, soweit es um die strafrechtliche Bewältigung der kommunistischen Vergangenheit geht. Das Kontrollratsgesetz Nr. 10 hat seinerzeit für Verbrechen gegen die Menschlichkeit das Rückwirkungsverbot aufgehoben.[35] Warum nicht der revolutionären Gerechtigkeit derart einen Ort in der rechtsstaatlichen Normalität geben? Warum nicht eine Suspendierung des Rückwirkungsverbots für die strafrechtliche Bewältigung der kommunistischen Vergangenheit?

Eine entsprechende Verfassungsänderung wäre verfassungsrechtlich möglich. Die verfassungspolitische Diskussion, ob die Verfassung entsprechend geändert werden soll, wäre der Frage, ob die strafrechtliche Bewältigung der kommunistischen Vergangenheit und wieviel von ihr eigentlich gewollt ist und um welchen verfassungsrechtlichen Preis, auch angemessener als die fragwürdige Argumentation der Strafgerichte. Was könnte in einer solchen verfassungspolitischen Diskus-

34 E.-W. Böckenförde, »Der verdrängte Ausnahmezustand. Zum Handeln der Staatsgewalt in außergewöhnlichen Lagen«, NJW, 1978, 1881 (1889f.).
35 Auch die Europäische Menschenrechtskonvention kennt eine Einschränkung des strafrechtlichen Rückwirkungsverbots (Art. 7 Abs. 2 EMRK).

sion für eine entsprechende Verfassungsänderung allerdings vorgebracht werden? Generalpräventive Erwägungen lassen sich ebensowenig für sie geltend machen wie spezialpräventive. Die Siegerjustiz und die Besiegtenexkulpation, von denen oben die Rede war, sind keine Verfassungsänderung wert. Gäbe es ein entsprechendes revolutionäres Vermächtnis, etwa ein das Rückwirkungsverbot suspendierendes Volkskammergesetz, dann wäre dies Verpflichtung auch für den Gesetzgeber im geeinten Deutschland. Aber es gibt es nicht.

Die Stunde der revolutionären Gerechtigkeit ist vorbei. Die rechtsstaatliche Normalität schließt das Rückwirkungsverbot ein und die strafrechtliche Bewältigung der kommunistischen Vergangenheit, wie sie derzeit stattfindet, aus. Ich meine, dies liegt nicht nur im Sinne rechtlicher, sondern ebenso im Sinne politischer Vernunft. Es gibt im geeinten Deutschland Wichtigeres und Drängenderes als weitere Strafprozesse.

Vergangenheit als Zumutung?

I.

Der Einigungsvertrag vom 31. August 1990 handelt von der Herstellung und zielt auf die Vollendung der Einheit Deutschlands. Er ordnet »Abwicklungen«, »Einführungen«, »Anpassungen«, »Angleichungen«, »Überprüfungen«, »Überführungen«, »Überleitungen«, »Übernahmen«, »Übergänge« an. Einigungsrecht ist Übergangsrecht, und in den Daten, die der Einigungsvertrag nennt, drückt sich aus, wann der Übergang vollzogen und die Einheit vollendet sein soll. Das letzte Datum ist der 31. Dezember 1996;[1] bis dahin gilt in der Finanzverfassung für die Gemeinden eine Abweichung von Art. 106 Abs. 5 GG. Andere einigungsbedingte Abweichungen vom Grundgesetz sind schon nach dem 31. Dezember 1995 nicht mehr zulässig. Nach den im Einigungsvertrag genannten Daten ist spätestens das Jahr 1997 das erste Jahr der vollendeten Einheit Deutschlands.[2]

Auch die mit dem Einigungsvertrag vereinbarten Regelungen für die vor dem 3. Oktober 1990 begründeten Rechtsverhältnisse der Angehörigen des öffentlichen

Dieser Beitrag erschien zuerst in: Rolf Grawert/Bernhard Schlink/Rainer Wahl/Joachim Wieland (Hg.): *Offene Staatlichkeit. Festschrift für Ernst-Wolfgang Böckenförde zum 65. Geburtstag*, Berlin 1995, S. 341-355.

1 Art. 7 Abs. 2 Nr. 2 EV.
2 Eine längere Frist wird, allerdings außerhalb des Einigungsvertrages, durch das später erlassene Gesetz zur Prüfung von Rechtsanwaltszulas-

Dienstes werden ausdrücklich als Übergangsregelun-
gen bezeichnet.[3] Aber hier endet der Übergang wesent-
lich später. Nur die bis zum 31. Dezember 1993 verlän-
gerte Regelung über die ordentliche Kündigung ist
befristet. Die Regelung über die außerordentliche Kündigung wegen der Unzumutbarkeit weiterer Beschäftigung im öffentlichen Dienst nach früherer Tätigkeit für
das Ministerium für Staatssicherheit ist unbefristet.[4]
Erst wenn von denen, die für das Ministerium für
Staatssicherheit tätig waren, niemand mehr Arbeitnehmer im öffentlichen Dienst sein wird, wird es auch
keine an diese Tätigkeit anknüpfende außerordentliche
Kündigung mehr geben können.[5] Hier endet der Übergang erst, wenn die Generation derer aus dem Arbeitsleben abtritt, die vor der Wende alt genug waren, für das
Ministerium für Staatssicherheit tätig zu sein. Noch bis

sungen, Notarbestellungen und Berufungen ehrenamtlicher Richter bestimmt. Widerruf oder Rücknahme der Zulassung zur Rechtsanwalt-
schaft können bis längstens 1998 auf dieses Gesetz gestützt werden
(§ 13 Abs. 2 RNPG).

3 Art. 20 Abs. 1 EV.

4 Obwohl aus dem Text des Einigungsvertrages ersichtlich, wird es in der
   Literatur für feststellungsbedürftig und hervorhebenswert erachtet;
   vgl. F.-J. Säcker/H. Oetker, *Münchener Kommentar zum BGB*, Ergän-
   zungsband, *Zivilrecht im Einigungsvertrag*, München 1991, Rn. 1008.

5 Auch für die Anwendung des Beamtenrechtsrahmengesetzes und des
   Bundesbeamtengesetzes enthält der Einigungsvertrag in Kapitel XIX
   Sachgebiet A Abschnitt III Nr. 2 und 3 der Anlage I bestimmte Maßga-
   ben. So können auf Probe ernannte Beamte entlassen werden, wenn
   Voraussetzungen vorliegen, die bei einem Arbeitnehmer im öffentlichen Dienst eine Kündigung des Arbeitsverhältnisses rechtfertigen
   würden. Diese Regelung ist befristet bis zum 31. Dezember 1996. Allerdings ist nach § 12 Abs. 1 Nr. 1 BBG sowie den entsprechenden landes-
   rechtlichen Regelungen eine Rücknahme der Ernennung wegen arglistiger Täuschung möglich, wenn der Betreffende den Fragebogen
   bezüglich früherer Tätigkeit für das Ministerium für Staatssicherheit
   bewußt unrichtig ausgefüllt hat.

ins dritte und vierte Jahrzehnt des nächsten Jahrtausends kann es dazu kommen, daß ein Arbeitnehmer im öffentlichen Dienst, der in jungen Jahren inoffizieller Mitarbeiter des Ministeriums für Staatssicherheit war, durch einen sog. Gauck-Bescheid dieser Mitarbeit überführt und gekündigt wird. Gewiß, die Wahrscheinlichkeit, daß sich in den Unterlagen der Gauck-Behörde noch neue Erkenntnisse finden werden, nimmt mit den Jahren ab. Aber auszuschließen ist es angesichts der Vielzahl und Unübersichtlichkeit der Unterlagen nicht. Deswegen ist ein Gauck-Bescheid auch nie endgültig, sondern stets vorläufig; er stellt fest, daß derzeit keine oder nur diese oder jene Erkenntnisse vorliegen, und kann jederzeit durch einen neuen Gauck-Bescheid mit neuen Erkenntnissen überholt werden. Dieser neue Gauck-Bescheid muß aber nicht mehr neu und eigens angefordert werden. Solange eine Kündigung nicht erfolgt ist, generiert eine einmal gestellte Anfrage immer dann, wenn neue Erkenntnisse gewonnen werden, auch neue Gauck-Bescheide.

Das Erfassen einer ganzen Generation verbindet diesen dienstrechtlichen mit dem strafrechtlichen Versuch der Bewältigung der kommunistischen Vergangenheit. Beidemal ist noch auf Jahrzehnte mit einschlägigen straf- bzw. arbeitsgerichtlichen Verfahren zu rechnen, beidemal ist der Übergang erst abgeschlossen, wenn eine Generation abtritt.[6] Und da erst mit dem Abschluß des Übergangs die Einheit Deutschlands vollendet ist und sich die politischen und gesellschaftlichen Probleme der nicht vollendeten Einheit schmerzhaft gel-

6 Die Nähe zum Strafrecht wird auch dadurch deutlich, daß der Sonderkündigungstatbestand im Einigungsvertrag allein vergangenheitsbezo-

tend machen, wird derzeit die Forderung nach einem
DDR-Schlußgesetz laut, einem gesetzlich geregelten
Abschluß des strafrechtlichen wie auch des dienstrechtlichen Übergangs.[7] Für den Abschluß des dienstrechtlichen Übergangs kann sogar auf die amtlichen Erläuterungen zur Anlage I zum Einigungsvertrag verwiesen
werden, wo es zur unbefristeten Regelung über die außerordentliche Kündigung erläuternd heißt, sie solle
»ein politisches Signal setzen«.[8] Ein Signal ist kein Zustand, sondern ein Ereignis; auf Dauer gestellt, läßt es
daran zweifeln, ob es noch stimmt.

Es gibt verschiedene Vorstellungen und Vorschläge
dazu, wie eine strafrechtliche Amnestie aussehen, worauf sie abstellen und wonach sie differenzieren könnte.
Ebenso sind verschiedene Varianten für einen Abschluß
des dienstrechtlichen Übergangs denkbar. Was zu tun
ist, wird deutlich, wenn die unbefristete Regelung über
die außerordentliche Kündigung genauer in den Blick
genommen wird.

II.

Die Regelung enthält zwei Alternativen. Nach der ersten ist ein wichtiger Grund für eine außerordentliche

---

gen ist (BAGE 70, 309 [319]; 70, 323 [328]), obwohl dies einen Bruch
zum übrigen Kündigungsrecht darstellt, das zukunftsbezogen verstanden wird (vgl. E. Stahlhacke/U. Preis, *Kündigung und Kündigungs-
schutz im Arbeitsverhältnis*, München [5]1991, Rn. 618; W. Hillebrecht,
in: *Gemeinschaftskommentar zum Kündigungsschutzrecht*, Neuwied
[3]1989, § 626 Rn. 89; U. Preis, *Prinzipien des Kündigungsrechts bei Ar-
beitsverhältnissen*, München 1987, S. 322ff.).

7 Vgl. U. Wesel, *Die Zeit* v. 6. 1. 1995, S. 3.
8 Erläuterungen zu Nr. 1 von Kapitel XIX Sachgebiet A Abschnitt III
   der Anlage I zum EV.

Kündigung gegeben, wenn der Arbeitnehmer gegen die Grundsätze der Menschlichkeit oder Rechtsstaatlichkeit verstoßen hat und deshalb ein Festhalten am Arbeitsverhältnis unzumutbar erscheint. Diese Alternative ist in der Praxis kaum relevant.[9] In der Praxis relevant ist die zweite Alternative, nach der ein wichtiger Grund für eine außerordentliche Kündigung gegeben ist, wenn der Arbeitnehmer für das Ministerium für Staatssicherheit tätig war und deshalb ein Festhalten am Arbeitsverhältnis unzumutbar erscheint. Die Unteralternative, die der Tätigkeit für das Ministerium für Staatssicherheit die Tätigkeit für das Amt für nationale Sicherheit gleichstellt, ist in der Praxis irrelevant. Worum es bei dem wichtigen Grund für eine außerordentliche Kündigung geht, sind also die zwei Kriterien der Tätigkeit für das Ministerium für Staatssicherheit und der Unzumutbarkeit eines Festhaltens am Arbeitsverhältnis sowie der Umstand, daß die Unzumutbarkeit gerade in der Tätigkeit ihre Ursache hat.

Das erste Kriterium differenziert nicht danach, ob jemand haupt- oder nebenamtlich, offiziell oder inoffiziell für das Ministerium für Staatssicherheit tätig war.[10] Immerhin entnimmt die Rechtsprechung der Formulierung, wonach jemand *für* das Ministerium für Staatssicherheit und nicht nur *bei* ihm tätig gewesen sein muß, daß es einer »bewußten, finalen Mitarbeit« bedarf.[11] Daß jemand nur abgeschöpft wurde, genügt nicht, und es genügt auch nicht, daß jemand eine Ver-

9 Vgl. immerhin BAG, NZA 1994, 1026.
10 BAG, DtZ 1994, 190 (191); NZA 1994, 844 (846).
11 BAGE 70, 309 (317); 70, 323 (327); dazu F. Lansnicker/T. Schwirtzek, »Der Beweiswert von Stasi-Unterlagen im Arbeitsgerichtsprozeß«, DtZ 1994, 162.

pflichtungserklärung unterschrieben hat, wenn es beim Unterschreiben geblieben und zur Mitarbeit nicht gekommen ist.[12] Wird bestritten und ist zweifelhaft, ob jemand für das Ministerium für Staatssicherheit tätig war, genügt es auch nicht, daß die Tätigkeit aus den Unterlagen der Gauck-Behörde hervorgeht; diese Unterlagen haben keinen über ihre Existenz hinausgehenden, ihren Inhalt belegenden Beweiswert und sind bei der Beweiswürdigung nur mit Vorsicht zu verwenden.[13] Die Beweislast für die Tätigkeit für das Ministerium für Staatssicherheit trägt der Arbeitgeber.[14] Im übrigen differenziert das erste Kriterium auch nicht danach, welche Aufgabe jemand für das Ministerium für Staatssicherheit wahrgenommen hat.[15] Die Rechtsprechung sieht das erste Kriterium für die kartoffelschälende Küchenhilfe[16] ebenso erfüllt wie für den Major bei den Paßkontrolleinheiten,[17] für den Juristen, der Straftaten gegen das sozialistische Eigentum untersucht hat,[18] ebenso wie für den Funker bei der Nachrichtenabteilung.[19] Sie differenziert erst bei der anschließenden Frage, ob deshalb ein Festhalten am Arbeitsverhältnis unzumutbar erscheint.[20] Eine differenzierende »Einzelfallprüfung«

12 BAG, NZA 1994, 25 (26); ArbG Berlin, NZA 1992, 593 (595).
13 LAG Berlin, NJ 1993, 330 (331); ArbG Berlin, NZA 1992, 593 (595 f.); vgl. auch BAG, DtZ 1994, 190 (191); grundlegend zum Beweiswert von Akten des MfS im Strafverfahren BGH, NJW 1992, 1975.
14 Säcker/Oetker (Fn. 4), Rn. 1021; Lansnicker/Schwirtzek (Fn. 11), S. 162.
15 LAG Berlin, NJ 1992, 226; Säcker/Oetker (Fn. 4), Rn. 1020.
16 LAG Berlin, NJ 1992, 226.
17 BAG, DB 1994, 181.
18 BAG Urt. v. 18. 3. 1993–8 AZR 479/92.
19 LAG Brandenburg, DB 1993, 176.
20 In der frühen Rechtsprechung war noch umstritten, ob eine Einzelfallprüfung erforderlich ist oder ob es sich bei dem Kündigungstat-

verlangen schon die amtlichen Erläuterungen; »anhand der konkreten Umstände ist abzuwägen, ob ein Festhalten am Arbeitsverhältnis unzumutbar erscheint oder nicht«.[21]

Was heißt dabei »erscheint«? Das Bundesarbeitsgericht erkennt diesem Merkmal »besondere Bedeutung« zu. Damit stelle das Gesetz »nicht auf eine intern ermittelbare Lage, sondern auf die vordergründige Erscheinung der Verwaltung mit diesem Mitarbeiter ab«. Gefordert sei eine »äußere Betrachtungsweise«, die »die Berücksichtigung von Entlastungstatsachen [hindert], sofern sich diese nicht in gleicher Weise wie die frühere belastende Tätigkeit manifestiert haben. Nur unter dieser Voraussetzung sind sie geeignet, das Erscheinungsbild der Vorbelastung zu erschüttern und der Feststellung der Unzumutbarkeit entgegenzuwirken.«[22]

Das sind klare Worte. Genau gelesen und ernstgenommen bedeuten sie, daß es nicht darauf ankommt, wie die Lage ist, sondern wie sie erscheint, sogar wie sie »vordergründig« erscheint, daß also jemand wegen des bösen Scheins gekündigt werden kann, obwohl seine Weiterbeschäftigung eigentlich zumutbar ist, und daß jemand wegen des schönen Scheins nicht gekündigt werden darf, obwohl seine Weiterbeschäftigung eigentlich unzumutbar ist. Daß dies mit der Verfassung nicht vereinbar ist, liegt auf der Hand. Wie immer die hier

bestand um einen absoluten Kündigungsgrund handelt; vgl. dazu F. Lansnicker/T. Schwirtzek, »Staatssicherheit und öffentlicher Dienst«, DtZ 1993, 106 (108).

21 Erläuterungen zu Nr. 1 von Kapitel XIX Sachgebiet A Abschnitt III der Anlage I zum EV.

22 BAGE 70, 309 (319); 70, 323 (329f.); dazu R. Ascheid, »Aktuelle Rechtsprechung zum Einigungsvertrag«, NZA 1993, 97 (102).

einschlägigen Grundrechte der Art. 3, 12 Abs. 1 und 33
Abs. 2 GG in ihrem Verhältnis zueinander und in ihrer
relativen Bedeutung zu bestimmen sein mögen – daß sie
grundrechtliche Gleichheit und Freiheit nicht nach
Maßgabe eines u. U. falschen Scheins, sondern nach
Maßgabe der wirklichen Verhältnisse und des wirklichen Verhaltens zumessen, versteht sich.

Das Bundesarbeitsgericht selbst weist verfassungsrechtliche Bedenken gegen seine Auslegung des Merkmals »erscheint« zurück. Zwar wird, da die verfassungsrechtlichen Bedenken nicht deutlich benannt
werden, auch die verfassungsrechtliche Pointe der Zurückweisung nicht deutlich. Aber das Bundesarbeitsgericht dürfte meinen, daß in der besonderen Situation
der Herstellung der Einheit Deutschlands eine pauschalierende Betrachtung vertretbar oder sogar geboten
ist. Die öffentliche Verwaltung der DDR sei mit politisch linientreuen Bürgern überbesetzt gewesen; die
Überbesetzung müsse drastisch reduziert werden, damit die politisch nicht linientreuen Bürger überhaupt
die Chance des Zugangs zum öffentlichen Dienst bekommen.[23] Die Grundrechte werden gewissermaßen
pauschaliert; allfällige einzelne Grundrechtsverkürzungen bei denen, die seit den Tagen der DDR im öffentlichen Dienst sind, werden damit verrechnet, daß
die Grundrechte der vielen, denen in den Tagen der
DDR der Zugang zum öffentlichen Dienst verwehrt
war, allererst zur Geltung gebracht werden. Nicht daß
dieser pauschalierende Ansatz absurd wäre. Aber er
paßt nur auf die besondere, befristete Situation, in der

23 Vgl. BAGE 70, 309 (320); 70, 323 (330).

der öffentliche Dienst überbesetzt vorgefunden wurde und personell abgebaut werden mußte und in der dies ein so dringendes Problem war, daß die individuelle Grundrechtsgewährleistung hinter der kollektiven Grundrechtsoptimierung zurücktreten mußte. Der pauschalierende Ansatz würde den fraglichen Kündigungsgrund als befristeten tragen, nicht aber als unbefristeten. Jetzt, wo der öffentliche Dienst neu strukturiert und besetzt ist, kann bei denen, die als Lehrer neu ernannt, als Professoren neu berufen oder als Referenten neu bestellt worden sind, eine auf den Schein statt auf das wirkliche Verhalten und die wirklichen Verhältnisse abstellende Kündigung mit der Überlegung des Bundesarbeitsgerichts nicht gerechtfertigt werden.

Das Bundesarbeitsgericht erläutert seine Auslegung des Merkmals »erscheint« noch mit einer weiteren Überlegung. Dabei geht es um das »dauerhafte Vertrauen der Bürger in die Gesetzmäßigkeit der Verwaltung« und um die »Erscheinung der Verwaltung« i. S. der Selbstdarstellung, mit der die Verwaltung den Bürgern begegnen muß, damit diese ihr dauerhaft vertrauen können.[24] Das erinnert an die Pflicht des Beamten, sich innerhalb und außerhalb des Dienstes so zu verhalten und bei politischer Betätigung so zu mäßigen und zurückzuhalten, daß die Achtung und das Vertrauen der Bürger gewahrt werden.[25] Auch hier wird um des Vertrauens der Bürger willen auf eine gewisse Erscheinung, eine gewisse Selbstdarstellung des Beamten und der Verwaltung abgestellt. Aber die Verhaltenspflicht des Beamten ist eine Pflicht zu einem wirklichen Verhal-

24 BAGE 70, 309 (320); 70, 323 (320).
25 § 35 Abs. 2 BRRG; § 53 BBG.

ten.[26] Verhält der Beamte sich entsprechend, wahrt er
wirklich die gebotene Mäßigung und Zurückhaltung,
dann schadet ihm nicht, wenn der böse Schein mangeln-
der Mäßigung und Zurückhaltung entsteht, wie ihm
umgekehrt nicht nützt, wenn sein wirklich unmäßiges,
der Zurückhaltung mangelndes Verhalten die Selbstdarstellung der Verwaltung nicht sichtbar beeinträch-
tigt. Bei der Kündigung auf den bloßen Schein der Unzumutbarkeit abzustellen ist ebenso abwegig, wie wenn
hier auf den bloßen Schein der Pflichterfüllung und
-nichterfüllung abgestellt würde.

Nein, von Verfassung und Grundrechten wegen
kann nur dann gekündigt werden, wenn das Festhalten
am Arbeitsverhältnis wegen der Tätigkeit für das Ministerium für Staatssicherheit wirklich unzumutbar ist.
Gleichwohl ist das Merkmal »erscheint« nicht ohne
Sinn. Es läßt den Zweck des Kündigungsgrunds erkennen, der in der Tat darin liegt, eine derartige Erscheinung, eine derartige Selbstdarstellung der Verwaltung
vor den Bürgern zu gewährleisten, daß diese ihr auch da
vertrauen können, wo sie ihre innere Gestalt nicht
durchschauen. Die Unzumutbarkeit im Kündigungsgrund, bei der sich wie bei jeder Unzumutbarkeit die
Frage »für wen?« stellt, ist also eine Unzumutbarkeit
nicht für den Staat als abstrakte Größe, nicht für die
Vorgesetzten oder für die Kollegen, sondern für die
Bürger und für diese zumal da, wo sie als Klienten der
Verwaltung mit dem, der für das Ministerium für

---

26 Davon wird im beamtenrechtlichen Schrifttum ganz selbstverständlich ausgegangen, ohne daß dies Erwähnung findet; vgl. Mühl in: W.
Fürst (Hg.), *Gesamtkommentar Öffentliches Dienstrecht. Beamtenrecht*, Stand Dez. 1994, K § 53 Rn. 3; U. Battis, *Bundesbeamtengesetz*,
München 1980, § 53 Rn. 2.

Staatssicherheit tätig war, zu tun haben. Dabei bleibt es wirkliche Unzumutbarkeit. Was für die Bürger unzumutbar ist, soll ihnen nicht zugemutet werden, auch wenn es nicht nach außen scheint, und was für sie zumutbar ist, soll ihnen zugemutet werden, auch wenn es einen falschen, bösen Schein gibt.

Das sei an zwei Beispielen aus der Universität veranschaulicht. Da sei zum einen der Professor, der das Vertrauen von Studenten gewonnen und die ihm vertraulich mitgeteilten Informationen an das Ministerium für Staatssicherheit weitergegeben und dadurch Disziplinierungen und Relegationen ausgelöst hat. Auch wenn es nicht bekanntgeworden ist noch bekanntwerden muß, auch wenn sich der gute Schein unschwer aufrechterhalten läßt, ist ein Professor, der studentisches Vertrauen derart mißbraucht hat, für die Studenten, die den Professoren Vertrauen entgegenbringen können sollen, diskreditiert. Da sei zum anderen der Professor, der an das Ministerium für Staatssicherheit über die offiziellen Kontakte seines Instituts mit anderen Instituten im In- und Ausland berichtet und Tonbandaufnahmen von Vorträgen angefertigt und dem Ministerium für Staatssicherheit übergeben hat, die öffentlich an seinem Institut gehalten wurden. Für die Studenten, die von ihm lernen, bei und mit ihm forschen und ihm Vertrauen entgegenbringen können sollen, wird er nicht dadurch diskreditiert, daß seine Tätigkeit für das Ministerium für Staatssicherheit böse Schlagzeilen macht. Alles andere würde nicht nur die Universität durch die manipulierbar machen, die die guten und die bösen Schlagzeilen machen und den Schein erzeugen. Es würde letztlich auch das Vertrauen der Studenten in

ihre Universität und allgemein der Bürger in ihre Verwaltung beschädigen. Denn dieses Vertrauen schließt
ein, daß die Universität und allgemein die Verwaltung
sich nicht manipulieren lassen, sich nicht am Schein ori-
entieren, der von anderen gemacht und zerstört werden
kann, sondern daran, was wirklich ist. Nur wenn das
Vertrauen nicht auf den Schein, sondern auf die Wirklichkeit setzt, wird es nicht getäuscht und enttäuscht.
Dasselbe anders gesagt: Wer in der Verwaltung wirklich
diskreditiert ist, ist den Bürgern nicht mehr zumutbar;
wer nur scheinbar diskreditiert ist, ist den Bürgern
nicht nur zumutbar, sondern bei ihm kann und muß
von der Verwaltung verlangt werden, daß sie den Schein
der Unzumutbarkeit zerstört.

Für den Kündigungsgrund der Tätigkeit für das Ministerium für Staatssicherheit und der daraus resultie-
renden Unzumutbarkeit des Festhaltens am Arbeitsverhältnis bedeutet dies, sich auf die Frage einzulassen,
ob die frühere Tätigkeit für das Ministerium für Staatssicherheit für die heutige Tätigkeit im öffentlichen
Dienst wirklich diskreditiert.

III.

Diese Frage ist nun allerdings nicht einfacher, sondern
eher schwieriger als die nach dem Schein. Es geht um
Diskreditierung durch Tätigkeit für das Ministerium
für Staatssicherheit derart, daß dem Bürger unzumutbar ist, mit dem Betreffenden als Mitarbeiter des öffentlichen Dienstes zu tun zu haben. Es geht um Unzumutbarkeit für den Bürger. Für welchen Bürger? Für

den, der in der früheren DDR, oder den, der in der alten Bundesrepublik gelebt hat, oder für den ideellen Gesamtdeutschen? Für den, der in der früheren DDR gelebt hat, steht mit der Frage der Unzumutbarkeit einer heutigen Beschäftigung früherer Mitarbeiter des Ministeriums für Staatssicherheit die Auseinandersetzung mit der eigenen Vergangenheit in anderer Weise an als für den, der in der alten Bundesrepublik gelebt hat. Aber es sind nicht mehr nur die ehemaligen DDR-Bürger, die in den neuen Ländern mit dem öffentlichen Dienst zu tun haben, und bei den Schülern, die dem öffentlichen Dienst in ihren Lehrern begegnen, geht es so oder so nicht um die Auseinandersetzung mit eigener Vergangenheit, mögen ihre Eltern aus der ehemaligen DDR oder aus der alten Bundesrepublik stammen. Soll also weder auf den ehemaligen DDR-Bürger noch auf den Bürger der alten Bundesrepublik, sondern auf den ideellen Gesamtdeutschen abgestellt werden? Das wäre wieder nur eine Scheingestalt, fern der Wirklichkeit, fern der wirklichen Diskreditierung und wirklichen Unzumutbarkeit. So bleibt nur die Entscheidung. Sie muß für den ehemaligen DDR-Bürger als Bezugspunkt der Unzumutbarkeitsfrage fallen. Im wesentlichen geht es nun einmal um seinen alten wie neuen öffentlichen Dienst, darum, was das Ministerium für Staatssicherheit ihm angetan hat und wie die Mitarbeiter des Ministeriums für Staatssicherheit sich ihm gegenüber verhalten, vor ihm diskreditiert oder nicht diskreditiert haben. Es geht um seine spezifische Vergangenheit und Erfahrung, in der auch noch seine Kinder verfangen sind und auf die sich auch die einlassen müssen, die aus der alten Bundesrepublik zuziehen,

wenn sie sich überhaupt auf ihre neue Lebenswelt einlassen wollen.

Die Maßgeblichkeit der Perspektive des aus der ehemaligen DDR stammenden Bürgers bedeutet, daß bei
der Beurteilung der Tätigkeit für das Ministerium für
Staatssicherheit differenziert werden muß, mehr differenziert als in der gegenwärtigen Rechtsprechung.
Diese zeigt zwar bei den Instanzgerichten eine gewisse
Bereitschaft, nach dem Ausmaß der individuellen Verstrickung und Verfehlung bei der Tätigkeit für das Ministerium für Staatssicherheit zu differenzieren.[27] Aber
das Bundesarbeitsgericht, das vor allem auf das Erscheinungsbild des öffentlichen Dienstes abstellt, fragt weniger nach der früheren Tätigkeit für das Ministerium für
Staatssicherheit als vielmehr nach der heutigen Tätigkeit in der Verwaltung. Gilt diese Tätigkeit hoheitlichen
Aufgaben oder bringt sie Verantwortung für Grundrechte mit sich, dann hält das Bundesarbeitsgericht die
Weiterbeschäftigung für unzumutbar. Die frühere Küchenhilfe darf heute nicht die Hundesteuer bearbeiten,
weil dies eine hoheitliche Tätigkeit ist,[28] und der frühere
Ermittler bei Straftaten gegen das sozialistische Eigentum darf heute bei der Bahn nicht Postpakete be- und
entladen, weil diese dem Postgeheimnis unterliegen.[29]
Dagegen soll, wer früher in der Hauptabteilung Kader
und Schulung tätig war, heute in einem staatlichen
Heim als Koch arbeiten dürfen[30] – eine Inkonsequenz,
da der Koch Verantwortung für Leib und Leben trägt,

---

27 LAG Brandenburg, DB 1993, 176; LAG Köln, ArbR 1994, 39 (40).
28 LAG Berlin, NJ 1992, 226.
29 BAG Urt. v. 18. 3. 1993–8 AZR 479/92.
30 BAG, NJ 1993, 379.

aber vielleicht eine notwendige, wenn nicht allen, die
für das Ministerium für Staatssicherheit tätig waren, die
Weiterbeschäftigung verwehrt sein soll. Denn keine Tätigkeit im öffentlichen Dienst ist ohne Verantwortung
für die Grundrechte.

Anders als der Blick der Rechtsprechung ist der Blick
der Bürger der ehemaligen DDR zunächst auf die frühere Tätigkeit für das Ministerium für Staatssicherheit
und darauf gerichtet, ob sich der Betreffende durch sie
und in ihr diskreditiert hat oder nicht. Vor dem Hintergrund der Einheit von Staat, Wirtschaft und Gesellschaft in der DDR sind öffentlicher Dienst und hoheitliche Tätigkeit für den Bürger der ehemaligen DDR
ohnehin keine suggestiven Begriffe, und ebenso schwer
verständlich sind die bundesrepublikanischen Unter-
scheidungen von grundrechtsrelevanten und -irrele-
vanten Tätigkeiten, zumal wenn die Rechtsprechung
dann auch noch inkonsequent mit ihnen umgeht. Vielleicht ist der Grund für die unterschiedliche Sicht
der Rechtsprechung und der Bürger der ehemaligen
DDR schlicht, daß beide auf das blicken, wovon sie
etwas verstehen. Natürlich interessiert den Bürger der
ehemaligen DDR, wo und wie er denen, die für das Ministerium für Staatssicherheit gearbeitet haben, wieder-
begegnet. Aber er weiß eben auch danach zu differenzieren, wo und wie sie für das Ministerium für Staatssicherheit gearbeitet haben, wie es im individuellen Fall
um die Verpflichtung zur Mitarbeit und die Mitarbeit
selbst stand, ob der einzelne sich mehr oder weniger
freiwillig auf die Mitarbeit eingelassen und geliefert hat,
ob er es im Zusammenhang mit seinem Beruf oder
unabhängig davon getan, inwieweit er über Sachliches

oder über Persönliches berichtet, wie er seine Berichte
gestaltet hat und was sie angerichtet haben. Aber das ist
nur die eine differenzierende Perspektive. Die andere
bezieht sich auf die verschiedenen Rollen, die das Ministerium für Staatssicherheit politisch und gesellschaft-
lich gespielt hat. Diese verschiedenen politischen und
gesellschaftlichen Rollen sind etwas anderes als die verschiedenen sozusagen schicksalhaften Rollen, die es in
jedem einzelnen Fall von Mitarbeit gespielt hat, und der
einzelne Fall von Mitarbeit ist nicht nur als individuelles Verstrickungs- und Verfehlungsschicksal, sondern
als Beitrag zu dieser oder jener Rolle zu verstehen, die
das Ministerium für Staatssicherheit politisch und ge-
sellschaftlich gespielt hat.

Dabei darf das Reden von den verschiedenen politischen und gesellschaftlichen Rollen des Ministeriums
für Staatssicherheit nicht mißverstanden werden, als
wolle es Kompetenzen nach der Art rechtsstaatlicher
Verwaltungskompetenzen unterscheiden und so nebeneinander stellen, wie die verschiedenen Zweige
rechtsstaatlicher Verwaltung nebeneinanderstehen,
durch das Verbot des Austauschs von Befugnissen gegeneinander abgeschottet und gegenüber dem Bürger
gebändigt. Der vormundschaftliche sozialistische Staat
kannte solche Abschottung und Bändigung nicht; er,
der anders als der demokratische Rechtsstaat wußte,
was seine Bürger wollten oder vielmehr wollen sollten,
worin ihr Lebenssinn und -glück lag oder zu liegen
hatte, kannte beim Einsatz seiner Machtmittel zum
Wohl der Bürger keine Zurückhaltung. Gleichwohl trat
er in verschiedenen Rollen auf, wie auch der Vormund
seinem Mündel in verschiedenen Rollen begegnet und

weitere Rollen spielen muß, um seine vormundschaftliche Aufgabe versehen zu können. Die Rollen sind verschieden, obwohl sie letztlich auf dieselbe vormundschaftliche Aufgabe bezogen sind.

Ob das Ministerium für Staatssicherheit nach außen
oder innen tätig wurde, geheimdienstliche oder polizeiliche Ermittlungstätigkeit leistete, seine technische Infrastruktur organisierte, briefliche und telefonische
Kommunikationen kontrollierte, kulturelle und kirch-
liche Szenen unterwanderte oder Dissidenten ein-
schüchterte – es blieb dabei immer Schwert und Schild
der Partei, die den Staat besetzt und die Gesellschaft
beherrscht hielt. Aber es begegnete in den genannten
Tätigkeitsfeldern durchaus unterschiedlich, hier unter
dem Primat des Technischen und dort unter dem des
Militärischen, das eine Mal bürokratischer und das
andere Mal ökonomischer Logik verpflichtet, bei der
Spionage denselben konspirativen Regeln gehorchend,
denen alle Geheimdienste gehorchen, und bei der Ausforschung möglicher und Unterdrückung wirklicher
Dissidenten keine Instrumentalisierung, Erniedrigung,
Entwürdigung und letztlich auch nicht die physische
und psychische Zerstörung eigener Bürger scheuend.
Zu manchen Rollen des Ministeriums für Staatssicherheit gibt es im demokratischen Rechtsstaat kein Pendant, zumal zur Rolle bei der Ausforschung und Unterdrückung von Dissidenten. Bei anderen Rollen geht es
um Funktionen, die in modernen Staaten und Gesellschaften unabhängig von der Staats- und Gesellschafts-
form und -idee versehen werden müssen. Sie haben im
demokratischen Rechtsstaat ihr Pendant, ihr funktionales Äquivalent.

Eine dieser Rollen ist die Beschaffung eines zutreffenden Bildes von der Gesellschaft für die politische Führung. Im demokratischen Rechtsstaat leisten dies die Medien in ihrer Eigenständigkeit und Pluralität. Wo es Medieneigenständigkeit und -pluralität nicht gibt, wo also auch die Medien für die politische Führung nicht aufbereiten können, was in der Gesellschaft vor sich geht, muß es der Geheimdienst machen. Dabei interessiert er sich nicht für die einzelne Person und den einzelnen Fall; es geht ihm um gesellschaftliche Lagen, Stimmungen und Entwicklungen, und dafür erhebt er dann auch die Berichte von seinen Mitarbeitern. Nicht zufällig wird ein bestimmter Typ von Geheimdienstlern oft als informiert, realitätsbewußt, illusionslos, kritisch und damit ebenso beschrieben wie ein bestimmter Typ von Journalisten – beide tun etwas Ähnliches.

Eine andere Rolle des Ministeriums für Staatssicherheit, die ihr funktionales Äquivalent im Rechtsstaat hat, war die Kontrolle der Rekrutierung der Eliten der DDR. Ob jemand die nötige fachliche Kompetenz besaß, ließ sich den Qualifikationen ablesen, die er erworben hatte, und der Erwerb von Qualifikationen war derart an Beweise politischer Zustimmung oder immerhin Anpassung geknüpft, daß mit der fachlichen auch eine gewisse politische Zuverlässigkeit gewährleistet war. Aber bei den Eliten war eine gewisse politische Zuverlässigkeit nicht genug; auf die Eliten mußte die DDR sich politisch verlassen können, wobei jemandes Verläßlichkeit hier wie stets aus vielerlei resultieren konnte: aus seiner Überzeugung, seinem Opportunismus, seiner Abhängigkeit und beliebigen Mischungen hiervon.

Vergleicht man, wie in der DDR und wie in der Bundesrepublik Eliten rekrutiert und diese Rekrutierungen kontrolliert wurden bzw. werden, ist, wie auch sonst oft, ein Schlüssel zum Verständnis der DDR der Umstand, daß sie tatsächlich als Arbeiter- und Bauernstaat angetreten war. Sie war der Staat des Industrie- und Landproletariats auf dem Weg zum Kleinbürgertum. Dies zeigen die Städte und Häuser, die Eß- und Bekleidungsgewohnheiten, die Freude am militärischen Pomp und sogar die Überschätzung der Bedeutung der Kirche. Ihr Bürgertum war die DDR los; sie hatte es fliehen lassen und fliehen gemacht und sich mit dem Bürgertum der Formen, Stile und Standards des Bürgertums entledigt. Während die bürgerliche Gesellschaft das Herrschafts-Know-how der adeligen Welt übernommen und sich anverwandelt hatte, hat die sozialistische sich mit dem Verzicht auf entsprechende Übernahmen und Anverwandlungen dazu verurteilt, wieder von vorne und klein anzufangen. Wo die bürgerliche Gesellschaft bei Verständigung darüber, ob jemand auf eine Position paßt, in eingespielter Mischung aus Formalität und Informalität neben dem Blick auf die fachliche Qualifikation auf Auftreten und Benehmen achtet und sich in angelegentlichen Andeutungen und am Telefon dazu austauscht, ob er paßt, den richtigen Hintergrund und die richtigen Verbindungen hat, versuchte die DDR in kleinbürgerlicher Ängstlichkeit und Kleinlichkeit, Berichte zu erheben und Dossiers anzulegen. Sie war ihrer selbst so unsicher, daß sie auch ihrer Elite nur sicher war, wenn sie deren Einstellungen und Verhalten in Akten festgehalten hatte, in geheimen Akten und geheim erhobenen Daten, denn zum klein-

bürgerlichen Vermächtnis kam die konspirative Tradition der im geheimen operierenden kommunistischen
Partei hinzu.

Daß ferner der Auslandsnachrichtendienst der
Hauptverwaltung Aufklärung sein funktionales Äquivalent im Bundesnachrichtendienst hatte, ist inzwischen
oft beobachtet worden,[31] und ebenso hatte die Verfolgung schwerer Kriminalität wie auch die kriminaltech-
nische Forschung des Ministeriums für Staatssicherheit
ihr funktionales Äquivalent im Bundeskriminalamt.
Mit alldem soll nicht gesagt werden, es sei dasselbe, ob
einer eine gesellschaftliche Lage als Journalist der
Frankfurter Allgemeinen Zeitung oder als Mitarbeiter
des Ministeriums für Staatssicherheit erhoben hat, ob
ein Professor in einem Berufungsverfahren an einen anderen Professor Informationen über einen Bewerber
hinter dessen Rücken weitergibt oder ein inoffizieller
Mitarbeiter karriererelevante Informationen über einen
Kollegen an seinen Führungsoffizier weitergegeben hat,
ob jemand im Interesse östlicher Expansionswünsche
oder westlicher Sicherheitsbedürfnisse spioniert hat. Es
soll aber eine Grenze markiert werden: die Grenze zwischen der Teilnahme am System, soweit es unter seinen
Prämissen die Funktionen eines modernen Staats erfüllt
hat, und der Beteiligung an den darüber hinausgehenden, diskriminierenden, unterdrückenden und entwür-
digenden Systemfunktionen. Diese Beteiligung diskreditiert. Jene Teilnahme mag in der einen Rolle sympa-

---

31 Siehe KG Berlin, NJW 1991, 2501 (2503); G. Grünwald, »Die strafrechtliche Bewertung in der DDR begangener Handlungen«, StV 1991,
31 (32); G. Widmaier, »Strafbarkeit der DDR-Spionage gegen die Bundesrepublik auch noch nach der Wiedervereinigung?«, NJW 1990,
3169 (3171 f.).

thischer sein als in der anderen, in der einen auch moralisch weniger gefährdet als in der anderen. Aber wenn sie sich auf das beschränkt hat, was zur Funktionserfüllung erforderlich war, ist sie zunächst einfach die Folge des Umstands, daß jemand in das System geboren wurde und in ihm gelebt hat. Gewiß, mit seiner Teilnahme hat er das System am Laufen gehalten, in der einen oder in der anderen Rolle, als haupt- oder nebenamtlicher, offizieller oder inoffizieller Mitarbeiter des Ministeriums für Staatssicherheit. Aber das hat auch der Arbeiter, Planer und Verwalter, Richter, Arzt und Ingenieur, Lehrer und Forscher. Hätten sie alle sich verweigert, wäre die DDR vielleicht ein besserer Ort gewesen oder auch schon früher kollabiert. Aber die Verweigerung kann nur gegenüber dem eindeutig unmoralischen Ansinnen gefordert werden, und selbst diesem gegenüber bleibt sie seltenes, schönes Wunder zivilen Muts.

Die Frage der Unzumutbarkeit bzw. Zumutbarkeit kann nun beantwortet werden. Zumutbar sind die ehemaligen Mitarbeiter des Ministeriums für Staatssicherheit, deren Berichte entweder überhaupt nicht personenbezogen waren oder von Personen so handelten, daß diese dadurch nach menschlichem Ermessen nicht geschädigt werden konnten. Wo andere durch Berichte geschädigt wurden oder wo sie hätten geschädigt werden können und es nicht mehr am Berichtenden lag, daß sie nicht geschädigt wurden, ist der Betreffende derart diskreditiert, daß es dem Bürger unzumutbar ist, ihm im öffentlichen Dienst zu begegnen.[32]

32 Dies hat Bedeutung auch für das Anfechtungsrecht. d. h. für die Frage, wann der öffentlich-rechtliche Arbeitgeber bei Arbeitsverträgen, die nach dem 3. Oktober 1990 geschlossen wurden, den Arbeitsvertrag

IV.

Dies hat Folgen nicht nur für die Auslegung und Anwendung des außerordentlichen Kündigungsgrunds
der Unzumutbarkeit weiterer Beschäftigung nach früherer Tätigkeit für das Ministerium für Staatssicherheit.
Es hat Folgen auch für die Frage, wie die einschlägigen
Informationen bei der Gauck-Behörde zu erheben
sind. Die Regelanfrage, die systematische Überprüfung
aller, die im öffentlichen Dienst tätig sind, greift viel
weiter aus als das richtig verstandene Kriterium der Zumutbarkeit. Wenn dieses auf die Schädigung oder auch
Möglichkeit der Schädigung durch das Handeln abstellt, kann es auch denen, die geschädigt wurden oder
hätten geschädigt werden können, überlassen bleiben,
zum Verfahren der Entfernung aus dem öffentlichen
Dienst Anlaß zu geben. Manche Opfer wußten immer,
wer ihr Opferschicksal verschuldet hat, oder haben es
aus ihren Opferakten erfahren. Manche, die nicht Op-

wegen arglistiger Täuschung gemäß § 123 Abs. 1 BGB anfechten kann,
wenn sich später nach entsprechender Gauck-Überprüfung heraus-
stellt, daß der bei Arbeitsvertragsschluß vorgelegte Fragebogen bezüglich früherer MfS-Tätigkeit unrichtig ausgefüllt wurde. Eine Täuschung durch falsche Beantwortung der Frage des Arbeitgebers
berechtigt nur dann zur Anfechtung, wenn die Frage zulässig und deshalb die Täuschung rechtswidrig war (Kramer in: *Münchener Kommentar zum BGB*, München ³1993, § 123 Rn. 7; BAG, NZA 1991, 719).
Entgegen der Auffassung in der Rechtsprechung kann die Frage nach
früherer MfS-Tätigkeit nur dann zulässig sein, wenn die Beschäftigung
des Arbeitnehmers im öffentlichen Dienst dem Bürger gegenüber im
oben entwickelten Sinn unzumutbar ist, da nur dann die frühere Tätigkeit für das Arbeitsverhältnis von Bedeutung ist und der Arbeitgeber
an der Beantwortung der Fragen ein berechtigtes und schutzwürdiges
Interesse hat (a. A. BAG, NZA 1994, 25 [26]; LAG Berlin, NZA 1992,
1131 ff.).

fer waren, haben aus ihren Akten auch erfahren, daß sie drauf und dran waren, es zu werden, und wer dafür verantwortlich war. Bei manchen haben die Akten immerhin den Verdacht begründet, wer sie geschädigt oder beinahe geschädigt hat. So oder so – die Wahrscheinlichkeit, daß die Fälle bekanntwerden, in denen geschädigt oder beinahe geschädigt wurde, ist hinreichend groß. Da es bei der Unzumutbarkeit weiterer Beschäftigung im öffentlichen Dienst um sie und nicht um alle Fälle irgendwelcher Tätigkeit für das Ministerium für Staatssicherheit geht, bedarf es der Regelanfrage nicht.[33]

Nach der Wende und auch noch nach der Einigung wurde diskutiert, ob die Unterlagen des Ministeriums für Staatssicherheit nicht zu vernichten oder zu versiegeln seien. Die Entscheidung, es nicht zu tun, war richtig. Würde die Vergangenheit getilgt, würde die Gegenwart verfälscht. Ein DDR-Schlußgesetz, wie es gegenwärtig diskutiert wird, ist denn auch von einer Schließung der Gauck-Behörde strikt zu unterscheiden. Die Unterlagen des Ministeriums für Staatssicherheit müssen erhalten und zugänglich bleiben, damit Biographien rekonstruiert, Vorwürfe überprüft und auch einfach historische Befunde erhoben werden können. Ein DDR-Schlußgesetz hätte klarzustellen, daß die Unterlagen nicht mehr ohne konkreten Vorwurf und Verdacht systematisch daraufhin durchgearbeitet werden, ob die Angehörigen des öffentlichen Dienstes früher für das Ministerium für Staatssicherheit tätig wa-

---

33 In den neuen Ländern wird denn auch bereits über eine eventuelle Abschaffung der Regelanfrage diskutiert (vgl. *Berliner Zeitung* v. 23. 1. 1995, S. 5).

ren. Ein DDR-Schutzgesetz hätte klarzustellen, daß die
Regelanfrage abzustellen ist.

Noch ein weiteres Problem wäre durch ein DDR-
Schlußgesetz zu lösen: die fehlende Berücksichtigung
vergangener Zeit und abgeschlossener Verfahren. Zwar
kann ein Gauck-Bescheid insofern nur vorläufig sein,
als schlechterdings nicht auszuschließen ist, daß in den
Aktenbergen und -kilometern, die das Ministerium für
Staatssicherheit hinterlassen hat und die noch nicht auf-
gearbeitet werden konnten, weitere einschlägige Informationen verborgen sind. Insofern kann ein Gauck-Bescheid das Verfahren der Überprüfung einer Tätigkeit
für das Ministerium für Staatssicherheit auch nicht endgültig abschließen. Aber vorläufig stellt er allemal einen
Verfahrensabschluß dar: Er bündelt die bis dahin ein-
schlägig verfügbaren Informationen, er geht nach
außen und läßt die anfragende Stelle auf die eine oder
andere Weise tätig werden, er markiert für den Betrof-
fenen eine Schwelle, hinter der er sein Leben entweder
anders einrichtet oder als vorläufig gesichert voraussetzt. Er entfaltet Wirkungen, die auch ein endgültiger
Abschluß eines Verfahrens entfaltet. Jede Endgültigkeit
eines Verfahrensabschlusses ist überdies relativ; mehr
als daß er »wirksam [bleibt], solange und soweit er nicht
zurückgenommen, widerrufen, anderweitig aufgehoben oder durch Zeitablauf oder auf andere Weise erledigt ist«,[34] kann das Gesetz über den ein Verfahren ab-
schließenden Verwaltungsakt nicht sagen. Es kann in
einer Welt, in der sich vieles ständig ändert, in der neue
Tatsachen eintreten, neue Erkenntnisse gewonnen wer-

---

34 § 43 Abs. 2 VwVfG.

den und neues Recht entsteht, nur von der relativen Endgültigkeit von Verfahrensabschlüssen ausgehen. Dies aber kann es nicht nur, es muß es, kontrafaktisch und normativ; es muß anordnen, daß nicht mehr jedes neue Recht, jede neue Erkenntnis und jede neue Tatsache das Verfahren neu aufzurollen erlaubt noch gebietet, damit Rechtsfrieden eintritt und der Bürger weiß, was er zu erwarten hat, worauf er sich verlassen und worauf er vertrauen kann. Dieser rechtsstaatlichen Verläßlichkeit bedürfen die Bürger, die vom Übergang der Einigung betroffen sind und umfassende und tiefgreifende Veränderungen ihres Lebens bewältigen müssen, besonders. Nicht daß jede Tätigkeit für das Ministerium für Staatssicherheit nach dem ersten, unvollständigen und deshalb unverfänglichen Gauck-Bescheid vernachlässigt werden sollte. Aber wenn zum Beispiel ein Lehrer, der vor 30 Jahren bis zu seinem Umzug von einer Stadt in eine andere inoffizieller Mitarbeiter des Ministeriums für Staatssicherheit war, nach der kurzen Erleichterung über einen ersten, unvollständigen und unverfänglichen Gauck-Bescheid in ständiger Angst vor einem zweiten leben muß, erfährt er nicht die rechtsstaatliche Verläßlichkeit, die ihm das Grundgesetz eigentlich bringen will.

Im Beispiel tritt zum Gesichtspunkt des abgeschlossenen Verfahrens der Gesichtspunkt der vergangenen Zeit hinzu. Ohnehin geht es nicht an, daß die Tätigkeit für das Ministerium für Staatssicherheit beliebig lang zurückliegen und gleichwohl berücksichtigt werden kann. Erst recht gilt dies nach ergangenem Gauck-Bescheid. Daß neue Erkenntnisse einen neuen Gauck-Bescheid verlangen, ist desto schwerer zu verstehen und

zu akzeptieren, je älter die Tatsachen sind, auf die sich
die neuen Erkenntnisse beziehen. Allgemein kann gesagt werden: Je länger die Frist ist, die einen zweiten,
aber auch schon den ersten Gauck-Bescheid vom Datum der Einigung trennt, desto kürzer muß die Frist
sein, die die Tätigkeit für das Ministerium für Staatssicherheit vom selben Datum trennt, damit sie noch berücksichtigt werden kann. Ebenso notwendig, freilich
schwieriger ist eine Differenzierung nach dem Gewicht, das die Tätigkeit für das Ministerium für Staatssicherheit hatte. Je länger die Tätigkeit zurückliegt, desto größer muß ihr schädigendes Gewicht sein, damit
sie berücksichtigt werden kann. Die Fristen und die
Gewichte im einzelnen zu bestimmen ist Sache des Gesetzgebers eines DDR-Schlußgesetzes.

Die Bewältigung der kommunistischen Vergangenheit wird, zumal von Bürgern der alten Bundesrepublik, gerne in eine Linie mit der Bewältigung der nationalsozialistischen Vergangenheit gesetzt. Den Problemen, denen man damals ausgewichen sei, müsse man
sich jetzt stellen, was man damals falsch gemacht habe,
müsse man jetzt richtig machen, wo man damals zu versöhnlich gewesen sei, dürfe man jetzt keine Nachsicht
kennen. Aber dieser Wunsch, es besser zu machen,
führt zunächst und vor allem zur Wiederholung eines
damaligen Fehlers. Die weitreichende Welle von strafrechtlichen Verfahren, Gauck-Überprüfungen, Entlassungen und Rentenbeschränkungen wirkt wie die
weitgreifende Entnazifizierungswelle gleich nach dem
Kriegsende. Wie die damalige Welle als Auflage der Alliierten wird die heutige als Auflage des Westens wahrgenommen, und hinter den Verfahren, Überprüfungen

und Entlassungen stehen ja auch Staatsanwälte, Richter und Beamte aus der alten Bundesrepublik. Wie damals wird auch heute die von den anderen organisierte Bewältigung der eigenen Vergangenheit als ungerecht weil ignorant und undifferenziert empfunden. Das Ergebnis sind heute wie damals Überdruß und statt des Bedürfnisses nach Ausgrenzung die Bereitschaft zur Solidarisierung. Diese zeigt sich nicht nur in den Wahlerfolgen der PDS, sondern in dem hohen Identifikationswert, den prominente Biographien in den neuen Ländern auch und gerade bei nachgewiesener oder vermuteter Tätigkeit für das Ministerium für Staatssicherheit weit über die Wählerschaft der PDS hinaus haben können. Im Rückblick auf die Wende ist dies alles andere als verwunderlich. Die sanfte Wende war sanft eben auch im Umgang mit den Angehörigen des Ministeriums für Staatssicherheit; so gewiß man die Institution abschaffen wollte, so gering war der Ausbruch revolutionärer Wut gegen die einzelnen Personen.

Daraus erhellt auch, daß der Überdruß nicht einfach anzeigt, daß es zu viele Verfahren gibt. Manchmal mag er nur diese quantitative Qualität haben, meistens hat er auch eine qualitative. Er richtet sich dagegen, daß mit den vielen Verfahren die eigene Vergangenheit abgelehnt wird, die Vergangenheit derer, die in der DDR mitgemacht und sie mitgetragen und die sie schließlich revolutionär erschüttert und beendet haben. Wie Vergangenheit stets die gegenwärtige Identität mitkonstituiert, konstituiert auch diese spezifische DDR-Vergangenheit die spezifische Identität der Bürger in den neuen Ländern mit. Im Überdruß steckt daher auch ein verletztes oder trotziges: Laßt uns, wie wir sind.

Nicht daß Vergangenheit einfach hin- und anzunehmen wäre. Gerade weil die Vergangenheit die gegenwärtige Identität mitkonstituiert, gehört zum Umgang mit ihr, sich von Vergangenem loszusagen, mit Vergangenem zu brechen und, so es um kollektive Vergangenheit geht, diejenigen abzulehnen und auszugrenzen, deren individuelle Vergangenheit der kollektiven nicht zugerechnet werden soll. Inwieweit die Vergangenheit die gegenwärtige Identität mitkonstituiert, ist immer auch das Ergebnis einer Entscheidung, einer so freien und verantwortlichen Entscheidung, daß beim Umgang mit der kollektiven Vergangenheit eine unterbliebene Ablehnung und Ausgrenzung einzelner so in deren Schuld verstricken kann, daß das Reden von kollektiver Schuld seinen Sinn bekommt.[35] Die Vergangenheit in der gegenwärtigen Identität aufzubewahren heißt also stets auch, mit Vergangenem zu brechen. Aber eben nur mit einzelnem Vergangenem oder mit den Vergangenheiten einzelner; die Ablehnung der Vergangenheit insgesamt bedroht die Identität derart, daß Abwehr herausgefordert wird. Ebendies geschieht, wenn auch noch denen der Zugang zum öffentlichen Dienst verwehrt wird, deren Tätigkeit für das Ministerium für Staatssicherheit sich von dem Engagement der großen Mehrheit der DDR-Bürger in ihrem und für ihren Staat nur graduell unterscheidet.

Was geschehen ist, ist geschehen. Die bisherigen Fehler bei der Bewältigung kommunistischer Vergangenheit können nicht mehr repariert werden. Aber sie können beendet werden.

35 Vgl. B. Schlink, »Recht – Schuld – Zukunft«, im vorliegenden Band S. 10 (20ff.).

Die Bewältigung von Vergangenheit durch Recht

I.

Was vergangen ist, kann nicht bewältigt werden. Es kann erinnert, vergessen oder verdrängt werden. Es kann gerächt, bestraft, gesühnt und bereut werden. Es kann wiederholt werden, bewußt oder unbewußt. Es kann in seinen Folgen betroffen werden, so daß es sich auf Gegenwart oder Zukunft nicht oder nicht in bestimmter Weise oder gerade in bestimmter Weise auswirkt. Aber was geschehen ist, ist geschehen. Das Vergangene ist unerreichbar und unveränderbar. Bewältigung im eigentlichen Sinn, wie man eine Aufgabe bewältigt, die zunächst vor einem steht, dann bearbeitet wird, durch die Bearbeitung ihre Gestalt verändert und schließlich erledigt ist und als Aufgabe verschwindet, gibt es bei Vergangenem nicht. Daß in Deutschland der weder eine englische noch eine französische Entsprechung findende Begriff der Vergangenheitsbewältigung gebräuchlich geworden ist, offenbart Sehnsucht nach Unmöglichem: das Vergangene so in Ordnung zu bringen, daß seine Erinnerung nicht mehr auf der Gegenwart lastet.

Das Römische Recht kennt das Prinzip »in praeter-

Dieser Beitrag erschien zuerst in: Helmut König/Michael Kohlstruck/Andreas Wöll (Hg.): *Vergangenheitsbewältigung am Ende des zwanzigsten Jahrhunderts*, Opladen/Wiesbaden 1998, S. 433-451.

itum non vivitur«.[1] Dessen rechtspraktische Pointe ist,
daß Unterhalt nicht für die Vergangenheit, sondern nur
für Gegenwart und Zukunft gefordert werden kann.
Seine rechtsphilosophische Bedeutung ist, daß wir in
der Gegenwart und in die Zukunft leben, nicht in der
oder in die Vergangenheit, und daß auch das Recht
nicht das vergangene, sondern nur das gegenwärtige
und zukünftige Leben gestalten und in Ordnung bringen kann. Zwar kann für vergangenes Unrecht ein
Schadensersatz zu- oder eine Strafe ausgesprochen
werden. Aber der Schadensersatz ist eben nur Ersatz
für das beschädigte oder verlorene Gut und macht den
Verlust oder Schaden nicht ungeschehen, und die Strafe
ist die Negation des Verbrechens nur, wenn auch das
Verbrechen als Negation begriffen wird.[2] Sogar das sog.
rückwirkende Gesetz wirkt nicht zurück, sondern in
der Gegenwart und in die Zukunft; es knüpft lediglich
an Vergangenes an, und da das Recht dies oft tut und tun
muß, ist schon die Frage, wann von einem rückwirkenden Gesetz die Rede sein kann, schwierig.[3]

Aber dem Recht ist nicht nur die Vorstellung, Vergangenes gestalten und in Ordnung bringen zu können,
fremd. Ihm ist im Gegenteil die Vorstellung eigen, daß
Vergangenes abgeschlossen und erledigt sein soll. Nach
einer Weile muß der Bürger sich mit dem Handeln des
Staats oder eines anderen Bürgers, gegen das er sich
nicht gewehrt hat, abfinden. Nach einer Weile haben die
Entscheidungen der Verwaltung Bestandskraft und die

---

1 *Codex Iustiniani*, 2. Buch, 4. Titel, 8. Abschnitt.
2 G. W. F. Hegel, *Grundlinien der Philosophie des Rechts oder Naturrecht
  und Staatswissenschaft im Grundrisse*, § 97, Berlin 1833.
3 B. Pieroth, *Rückwirkung und Übergangsrecht. Verfassungsrechtliche
  Maßstäbe für intertemporale Gesetzgebung*, Berlin 1981, S. 97 ff.

der Rechtsprechung Rechtskraft und sind nicht mehr angreifbar. Nach einer Weile verwehrt die Verjährung die Anknüpfung an Vergangenes und steht der Strafverfolgung durch den Staat und der Verfolgung von Ansprüchen durch den Bürger entgegen. Die Strafverfolgung durch den Staat scheitert im Rechtsstaat auch dann, wenn sie an Vergangenes anknüpfen will, das seinerzeit nicht strafbar war; »nulla poena sine lege« ist der feste Ausgangspunkt der schwierigen verfassungsrechtlichen Beurteilung rückwirkender Gesetze.

Daß, was vergangen ist, nicht bewältigt werden kann und daß auch das Recht sich eine Bewältigung des Vergangenen nicht anmaßt, hat nicht nur Bedeutung für das, was von einer auf Vergangenes zielenden Strafverfolgung erwartet werden kann. Es bedeutet nicht nur, daß Strafverfolgung an dem, was geschehen ist, nichts ändert und daß auch der beste Eifer, mit dem Strafverfolgung betrieben wird, das Vergangene nicht besser macht; wenn die zweite Schuld des Ver- und Beschweigens und auch der zögerlichen Strafverfolgung der nationalsozialistischen Verbrechen[4] die Aufmerksamkeit gelegentlich so beherrscht, daß die erste Schuld dahinter perspektivisch kleiner wird, dann heißt dies doch nicht, daß bei Vermeidung der zweiten Schuld die erste geringer gewesen wäre. Daß, was vergangen ist, nicht und auch nicht vom Recht bewältigt werden kann, bedeutet auch, daß die Strafverfolgung, die heute der kommunistischen Vergangenheit gilt, die zögerliche Strafverfolgung der nationalsozialistischen Vergangen-

4 A. Rückerl, *NS-Verbrechen vor Gericht*, Heidelberg 1984, S. 105 ff.; G. Werle, »Der Holocaust als Gegenstand der bundesdeutschen Strafjustiz«, NJW 1992, 2529.

heit nicht kompensiert. Diese Vorstellung begegnet bei engagierten Staatsanwälten und Richtern, die die Strafverfolgung der nationalsozialistischen Verbrechen als beschämend unzulänglich empfinden und darum einen besonderen Eifer bei der Strafverfolgung kommunistischer Verbrechen zu schulden meinen. Aber auch eine vergangene unzulängliche Strafverfolgung kann nicht bewältigt werden.

Gleichwohl kann das Recht in alles eingespannt werden, was Gesellschaft und Politik mit Vergangenem machen. Es kann das Erinnern unterstützen, das Vergessen und das Verdrängen. Das Erinnern unterstützt es besonders durch Strafverfolgungen, Wiedergutmachungen, Wahrheitskommissionen und -tribunale und die Gewährung von Einsicht in Akten und Archive, das Vergessen und Verdrängen durch Amnestien und Verbote von Themen und Thesen. Es kann dafür sorgen, daß das Vergangene um seine Fortwirkung gebracht oder daß ihm die Fortwirkung gesichert wird, kann verurteilte Bürger rehabilitieren, erlittene Strafen entschädigen, zerstörte Karrieren reparieren und vergangene Entscheidungen rückgängig machen und kann ebenso vergangene Verurteilungen, Bestrafungen, Entscheidungen und Karrieren bestehen lassen. Das Recht wurde und wird auch in jeder dieser Hinsichten eingespart. Denn die gesellschaftliche und politische Kultur ist manchmal eine Erinnerungs- und manchmal eine Vergessenskultur. Sie ist sogar immer ein wenig von beidem; auch als der Vergangenheit zugewandte Erinnerungskultur blendet sie Teile der Vergangenheit aus, auch als auf Gegenwart und Zukunft bezogene Vergessenskultur hält sie Vergangenheitsstücke fest und hoch.

Erinnerungskulturen sind Opferkulturen; sie geben Erinnerung und Anerkennung den Opfern, die drunten starben, und wenn daneben einer von droben Erinnerung verlangt, ist es peinlich. Umgekehrt sind Vergessenskulturen Siegerkulturen, bei denen die Sieger zwar die Opfer vergessen, die sie gefordert, aber nicht die, die sie gebracht haben, und bei aller Gegenwarts- und Zukunftsgewandtheit doch ihre Erinnerungsikonen haben.

In diesem Sinn gibt es auch die Bewältigung von Vergangenheit. Vergangenheit ist nicht das Vergangene, sondern dessen Konstruktion derart, daß seine Integration in die individuelle oder kollektive Biographie gelingt. Vergangenheit ist ein Konstrukt, und das Konstrukt zu schaffen ist eine Aufgabe, die bearbeitet wird, durch die Bearbeitung ihre Gestalt verändert und erledigt wird, allerdings nur vorläufig, weil ständig neue Funde von Vergangenem oder neue Integrationsbedürfnisse auftreten. Vergangenheit ist eine Aufgabe, die bewältigt werden kann und auch bewältigt wird, gleichgültig, ob die Konstruktion des Vergangenen dieses unter partiellem Vergessen erinnert oder bei partiellem Erinnern vergißt. Die Aufgabe muß im übrigen auch bewältigt werden; individuelle und kollektive Biographien brauchen die Integration des Vergangenen als Bedingung der Integrität der Selbstwahrnehmung und -darstellung. Das Vergangene muß integriert werden, damit es nicht gegen das Gegenwärtige ausgespielt werden und dabei die gegenwärtige Selbstwahrnehmung und -darstellung zerstören kann.

Daß die Bewältigung von Vergangenheit sowohl über Vergessen als auch über Erinnern laufen kann, ist vielfach zu beobachten. Es gibt Vergessenskulturen von der Antike bis zur Moderne,[5] und bei Ländern wie Spanien, Rußland oder Österreich mag der vergessende und verdrängende Umgang mit Bürgerkriegs-, stalinistischen oder nationalsozialistischen Verbrechen als moralisch nicht akzeptabel kritisiert werden, es läßt sich aber schwerlich argumentieren, Vergessen und Verdrängen funktionierten nicht. Die Länder haben die während einer Generation begangenen Furchtbarkeiten in die kollektive Biographie integriert und den friedlichen Übergang zur nächsten Generation geschafft, und wenn ihre gegenwärtigen Probleme mit ihrer Vergangenheit zu tun haben, dann doch nicht mit der spezifisch moralischen oder rechtlichen Qualität der Furchtbarkeiten, die in der Vergangenheit geschehen sind.

II.

Die Instrumentalität, die das Recht für erinnerndes wie für vergessendes Bewältigen, für Erinnerungs- wie Vergessenskulturen hat, bedeutet nicht notwendig Beliebigkeit. Sie schließt nicht aus, daß das Recht zum Erinnern oder zum Vergessen gegenläufig instrumentalisiert wird.

Einige Befunde liegen auf der Hand. Je kürzer ein Ereignis zurückliegt, desto leichter wird es erinnert und

---

5 Ch. Meier, »Erinnern – Verdrängen – Vergessen. Zum öffentlichen Umgang mit schlimmer Vergangenheit in Geschichte und Gegenwart«, in: *Berichte und Abhandlungen der Berlin-Brandenburgischen Akademie der Wissenschaften*, 3. Bd., Berlin 1997, S. 59.

desto schwerer vergessen, desto stärker ist die Forderung nach rechtlicher Aufarbeitung und desto schwächer die Bereitschaft zum rechtlichen Schlußstrich. Allerdings kann nach einer ersten Welle der Erinnerung und rechtlichen Aufarbeitung gerade vergangener Ereignisse ein Zustand der Erschöpfung eintreten, der die nächsten Wellen verzögert. Erinnerung und rechtliche Aufarbeitung ruhten in den fünfziger Jahren auch, weil die Deutschen von Krieg, Zerstörung und Vertreibung erschöpft, der Beschäftigung mit der Vergangenheit müde und mit ihren Energien auf Neuanfang und Wiederaufbau konzentriert waren. Die erste Welle wäre sogar noch früher ausgelaufen, wenn sie sich nicht dem Antrieb und der Unterstützung der Alliierten verdankt hätte. Auch nach dem Fall der Mauer wollten die vom Wandel erschöpften Bürger der neuen Länder vom Ungemach und Unrecht in der DDR bald nichts mehr hören; die einschlägigen gerichtlichen Verfahren sind dem Einfluß der alten Länder geschuldet. Ohnehin sind die Deutschen kein Volk, das in Erinnerung und rechtlicher Aufarbeitung zur Abrechnung neigt; der Erste Weltkrieg, der Zweite Weltkrieg und das ökonomische und politische Versagen der DDR wurden eher als gemeinsam zu ertragende Schicksalsschläge denn als etwas erlebt, das eine Minderheit der Deutschen deren Mehrheit angetan und nun zu verantworten, zu büßen hätte.

Relevant ist auch nicht nur, ob ein Ereignis kurz oder lang zurückliegt; es kann kurz zurück- und doch fern liegen, weil damals Krieg war und jetzt wieder Friede ist, weil es sich in der Ferne, in der Revolution oder einem alten System zugetragen hat, während man jetzt wieder zu Hause, in geordneten Verhältnissen oder unter einem neuen System lebt. Zwei Welten, die ferne und die nahe, die des alten und die des neuen Systems, der Revolution und der Ordnung, des Kriegs und des Friedens können bei geringem zeitlichen Abstand doch so unterschiedlich sein, daß das Erinnern sich schwertut, die vergangenen Ereignisse in den Koordinaten der gegenwärtigen Welt einzuordnen und festzuhalten. Da die Welt eher kollektiv als individuell konstituiert ist, gilt auch, daß ein kollektives Bedürfnis nach Vergessen sich eher gegen einen individuellen Erinnerungswunsch durchsetzt als ein individueller Vergessenswunsch gegen ein kollektives Bedürfnis nach Erinnerung.

Entscheidend dafür, ob erinnert oder vergessen wird und ob von Rechts wegen erinnert oder vergessen werden muß oder darf, ist ferner, ob es einen anderen gibt, der seinerseits erinnert und Erinnerung, Aufklärung, Wiedergutmachung, Strafverfolgung und -verurteilung fordert. Der einzelne tut sich mit dem Vergessen schwer, wenn er von anderen an einem Ereignis, einem Verhalten, einem Verbrechen festgehalten wird, und auch die Gemeinschaft, die von anderen mit bestimmten Ereignissen, Verhalten, Verbrechen identifiziert wird, kann sich davon nicht einfach durch Vergessen und Verdrängen befreien. Sie kann es desto weniger, je zahlreicher und stärker die anderen sind, und je mehr sie nicht nur Zeitgenossen, sondern Opfer sind; sind die Opfer hinreichend zahlreich und stark, können sie der Kultur der Gemeinschaft ihren Stempel aufdrücken und sie zur Opferkultur prägen, wie umgekehrt die Kultur der Gemeinschaft sich über wenige und schwache Opfer als Siegerkultur hinwegsetzt. Die Befreiung von Identifizierungen mit Ereignissen, Verhalten, Verbrechen gelingt auch desto weniger, je mehr Glieder der Gemeinschaft darin verstrickt sind.

Dabei geht es nicht nur um die Verstrickung durch Täterschaft, Mittäterschaft, Anstiftung und Beihilfe. Es gibt eine Verstrickung durch Mitwisserschaft, durch Zu- und Wegschauen, durch das Unterlassen von Hilfe für die Opfer und dadurch, daß die Täter nicht ausgestoßen, nicht verfolgt und verurteilt, sondern toleriert oder sogar respektiert werden. Wenn bei den germanischen Stämmen der Angehörige eines Stamms den Angehörigen eines anderen Stamms verletzte oder tötete, konnte der eine Stamm den Täter entweder ausstoßen oder er mußte, wenn er ihn nicht ausstieße, sondern in der Gemeinschaft des Stamms hielt, dem anderen Stamm für die Tat haften.[6] Solidarität mit dem Täter verstrickt in dessen Verbrechen und Schuld – dies ist der rationale Kern der Vorstellung einer Kollektivschuld. Kollektivschuld ist nicht eine Befindlichkeit einer Gemeinschaft, wie Krankheit eine Befindlichkeit eines Körpers ist; Schuld wird nicht von den kranken, schuldigen Teilen der Gemeinschaft auf die gesunden übertragen wie ein Bazillus und nicht von der einen Generation auf die nächste vererbt wie ein Gen. Die Vorstellung einer Kollektivschuld kann sinnvoll nur meinen, daß eine Gemeinschaft dadurch, daß sie mit den Tätern eines Verbrechens Solidarität übt, auch an deren Schuld teilhat und gegenüber den Opfern des Verbrechens Verantwortung übernimmt.

Daß die Täter des Dritten Reichs nicht ausgestoßen, nicht verfolgt und verurteilt, sondern toleriert, respek-

6 B. Schlink, »Recht – Schuld – Zukunft«, im vorliegenden Band S. 9 (20 f.).

tiert, in ihren Positionen belassen und bei ihren Karrieren gefördert, als Eltern und Lehrer akzeptiert wurden,
hat die Generation der Täter und die ihrer Kinder in die
Verbrechen und Schuld des Dritten Reichs verstrickt.
Diese Verstrickung zu vermeiden, hätte es konsequen-
ter Ausgrenzung, Strafverfolgung und -verurteilung
bedurft. Aber angesichts der Fülle der Täter und Teilnehmer, Mitwisser, Zu- und Wegschauer war die erforderliche Konsequenz nicht zu leisten. Sie war auch psy-
chisch nicht zu leisten; Kinder sind nicht frei, ihre
Eltern, die zweite Generation ist nicht frei, die erste
auszugrenzen. Zwar hätte es mehr an Ausgrenzung,
konsequentere Strafverfolgungen und -verurteilungen
geben müssen, eine hinreichend konsequente Ausgrenzung hätte es aber nicht geben können, so daß die Verstrickung ein Moment des Unvermeidlichen und, wenn
man so will, Tragischen hat. Dieses Moment macht verständlich, daß das Reden von der Kollektivschuld
manchmal einen irrationalen Klang bekommt, bei dem
Blut und Fluch und Erbe assoziiert werden. Aber verständlich machen heißt nicht rechtfertigen. Die Vorstellung einer Kollektivschuld hat einen rationalen Kern,
und es ist nicht das Blut, ein Fluch oder das Erbe, das
eine Gemeinschaft in Schuld verstrickt, sondern ein be-
stimmtes Verhalten der Angehörigen der Gemeinschaft
in einer bestimmten Situation. Wenn die Situation fehlt
oder entfällt und wenn das Verhalten sich erledigt,
kommt es auch nicht zur Verstrickung oder endet sie
wieder. Das bedeutet, daß die Verstrickung sich bei der
dritten Generation löst. Die dritte Generation steht
nicht mehr vor der Alternative, die Täter auszustoßen
oder in der Gemeinschaft zu halten; sie kann sich da-

durch, daß sie die Täter nicht ausstößt, nicht in deren Schuld verstricken.

Die Bewältigung der kommunistischen Vergangenheit steht somit unter ganz anderen Vorgaben als die der nationalsozialistischen. Bei dieser wurden und werden die Deutschen kollektiv mit Verbrechen identifiziert, die sie anderen Kollektiven, besonders den Juden, angetan haben; in die Schuld dieser Verbrechen sind sie in der beschriebenen Weise kollektiv verstrickt, und ihrem Vergessen und Verdrängen steht der Erinnerungs- und Wiedergutmachungswunsch der Opfer gegenüber. Bei der kommunistischen Vergangenheit geht es nicht um Verbrechen, die anderen Kollektiven angetan wurden, es geht nicht um kollektive Verstrickung in Schuld, und in der Gesellschaft kommt auch kein Erinnerungs- und Wiedergutmachungswunsch der Opfer zur Geltung, der dem Vergessen und Verdrängen entgegenstünde. Die zögerliche Strafverfolgung der Verbrechen des Holocaust ist ein Teil der deutschen Schuld gegenüber den Juden. Würde dagegen die Strafverfolgung von Mauerschützen unterbleiben, hätte dies zwar schmerzliche Bedeutung für die Angehörigen der Opfer, wäre aber ohne kollektive Dimension, sondern fiele unter die vielen jederzeit und allerorten stattfindenden individuellen Fälle, in denen Angehörige von Opfern darunter leiden, daß Täter nicht nachdrücklich verfolgt, nicht gefaßt oder nicht scharf verurteilt werden.

III.

Mit diesen Überlegungen ist die Frage, ob das Recht ungeachtet der Instrumentalität, die es für erinnerndes wie für vergessendes Bewältigen von Vergangenheit hat, zum Erinnern oder zum Vergessen in besonderer innerer Nähe steht, noch nicht erschöpft. Drei Gründe werden gemeinhin für das Erinnern und gegen das Vergessen oder Verdrängen angeführt, sei es das Erinnern bzw. Vergessen der nationalsozialistischen, der kommunistischen oder einer anderen furchtbaren, verbrechens- und schuldbeladenen Vergangenheit,[7] und es ist zu prüfen, was in ihnen an Aussagen über oder Forderungen an das Recht enthalten ist. Zum einen ist vom Erinnern als Geheimnis der Erlösung die Rede,[8] zum anderen vom Erinnern und der damit einhergehenden Schuld- und Trauerarbeit als Bedingung für Offenheit, Vertrauen, Individualität und Solidarität in Familien, zwischen und unter den Generationen und in der politischen Kultur[9] und zum dritten vom Erinnern als Voraussetzung dafür, daß das, was geschehen ist, sich nicht wiederholt.[10]

Der erste Grund ist der dunkelste. Daß Erinnern das Geheimnis der Erlösung ist, ist eine Weisheit der jüdi-

---

7 Vgl. T. G. Ash, »The Truth about Dictatorship«, *The New York Review of Books* v. 19. 2. 1998, S. 35 (35 f.).

8 E. Wiesel, *Chassidische Feier*, Wien 1974, S. 204.

9 G. Schwan, *Politik und Schuld. Die zerstörerische Macht des Schweigens*, Frankfurt/M. 1997.

10 Ash (Fn. 7), S. 35: »How many times has one heard repeated in Germany George Santayana's remark that those who forget the past are condemned to repeat it?«

schen Tradition und leuchtet in der jüdischen Tradition auch ein; das jüdische Volk hätte in Vertreibung, Gefangenschaft und Exil ohne seine Erinnerungen seine Identität verloren. Aber was soll die Weisheit für die, die sich zwischen dem Erinnern und Vergessen von Verbrechen zu entscheiden haben, die von Angehörigen der eigenen Generation oder der Elterngeneration begangen wurden? Was soll sie als Weisheit einer Vergangenheitsbewältigung, die nicht einfach eine Vergangenheitsüberlieferung oder -vergegenwärtigung ist, wie sie für das jüdische Volk wichtig war und ist?

Die Weisheit wurde in der Debatte um die Bewältigung der deutschen Vergangenheit denn auch variiert. Das Erinnern wurde vom Geheimnis der Erlösung zu dem der Versöhnung.[11] Versöhnung setzt Vergebung durch die überlebenden Opfer und die Angehörigen der Opfer voraus, Vergebung setzt voraus, daß die Täter und die, die sich mit ihnen in die Schuld verstrickt haben, diese Schuld eingestehen und sich mit der Chance der Vergebung auch dem Risiko der Verurteilung aussetzen, und das Eingestehen der Schuld setzt das Erinnern der Tat voraus. Darin liegt auch eine soziale Restitution, denn die Täter und die, die sich mit ihnen in die Schuld verstrickt haben, erkennen die überlebenden Opfer und die Angehörigen der Opfer als die an, auf deren Verurteilung oder Vergebung es ankommt. Da Vergebung auch voraussetzt, daß die Schuldigen tun, was in ihrer Macht steht, um die Folgen der Tat zu tilgen, ist das Erinnern dann, wenn die Tat nicht

11 O. Schwencke, »Das Geheimnis der Versöhnung heißt Erinnerung«, in: ders. (Hg.), *Erinnerung als Gegenwart* (Loccumer Protokolle 25), Loccum 1987, S. 7 (7).

nur auf den Tod der Opfer, sondern auf das Auslöschen ihrer Welt, ihrer Spuren, ihres Gedächtnisses gezielt hat, auch ein Beitrag zur Tilgung der Folgen der Tat. Der Kern dieser Überlegungen zu Tat, Schuld, Tatfolgen, Verurteilung und Vergebung ist sowohl rechtlich als auch moralisch; die Schuldigen müssen sich an ihrer Schuld festhalten lassen und dafür einstehen. Eine andere Variante der Weisheit bestimmt als Geheimnis der Erlösung den Kampf gegen die Gleichgültigkeit und das Erinnern als Mittel dieses Kampfs.[12] Dabei ist Gleichgültigkeit gefährlich, weil sie das Gegenteil von Hoffnung, Glaube und Liebe ist. Sie macht die Menschen unsensibel gegenüber dem, was in der Welt geschieht, auch und gerade gegenüber dem Unrecht, das in ihr geschieht, und läßt sie damit zu Komplizen des Unrechts werden. Das Erinnern kann die Gleichgültigkeit aufbrechen, es kann mit dem Bewußtsein für die Folgen des Unrechts die Sensibilität für dessen Wurzeln wecken; die Erlösung ist der Zustand, in dem Menschen Unrecht nicht geschehen lassen. Das Erinnern wird damit im Sinne des dritten Grunds zur Voraussetzung dafür, daß das, was geschehen ist, sich nicht wiederholt, daß Vergleichbares nicht geschieht.

Auch der zweite Grund, der das Erinnern als Bedingung für das Gelingen von Familien- und politischer Kultur versteht, bündelt verschiedene Überlegungen. Da ist die voraussetzungsvolle psychologische Überlegung, daß das Vergessen und Verdrängen von traumatischer Vergangenheit diese weiter schwären läßt, daß

12 E. Wiesel, »Erinnerung gegen die Gleichgültigkeit«, in: O. Schwencke (Hg.), *Erinnerung als Gegenwart* (Loccumer Protokolle 25), Loccum 1987, S. 138 (157 f.).

Eltern, die ihre Täter- und Schuld- oder auch ihre Opfertraumata ver- und beschweigen, ihre Individualität nicht leben und ihren Kindern nicht mit Offenheit und Vertrauen begegnen, so daß die Kinder Offenheit und Vertrauen nicht lernen und eine kraftvolle, zugleich kompromiß- und widerstandsfähige Individualität nicht entwickeln können. Da ist die voraussetzungsvolle soziologische Überlegung, daß ohne die Offenheit, das Vertrauen und die Individualität, die in der Familie erworben werden, auch die Fähigkeit zu Individualität und Solidarität in der Gesellschaft fehlt. Da ist die voraussetzungsvolle vom Faktischen ins Normative übergreifende politologische Überlegung, daß Demokratie auf Offenheit, Vertrauen, Individualität und Solidarität als demokratische Tugenden ihrer Bürger angelegt und angewiesen ist und daß eine Demokratie, die eine Diktatur ablöst, ihre Glaubwürdigkeit gefährdet und für die Opfer der Diktatur überhaupt verliert, wenn sie die Täter nicht bestraft und nicht rechtlich verhindert, daß sie ihre Positionen behalten und ihre Karrieren weiterverfolgen. Der Zweck rechtlicher Sanktionen und besonders der Strafe ist hier die präventive Bestätigung und Bestärkung der Bürgertugenden.

Der dritte Grund stellt auf das Vermeiden einer Wiederholung der Verbrechen ab und trifft sich direkt mit dem Strafzweck der Spezialprävention, der auf die Verhütung der Verbrechenswiederholung durch Einwirkung auf den einzelnen Täter zielt. Er trifft sich aber auch mit dem Strafzweck der Generalprävention; wo die Gesellschaft ausnahmsweise Täter geworden ist, weil so gut wie alle ihre Mitglieder die Verbrechen wenn nicht begangen, dann unterstützt oder akzeptiert oder hingenommen haben, da zielt Generalprävention auch auf die Vermeidung einer Wiederholung der Verbrechen durch die Gesellschaft.

Freilich ist die Lehre vom Strafzweck der Prävention den Einwänden, denen sie immer begegnet,[13] hier besonders ausgesetzt. Der Konformist, der in einem vergangenen politischen System systemkonforme Straftaten begangen hat, ist auch im neuen politischen System Konformist und muß nicht von der Begehung von systemnonkonformen Straftaten abgeschreckt werden. Er muß auch nicht resozialisiert werden; er hat sich im vergangenen System gemeinschaftsgemäß verhalten und verhält sich auch im neuen System gemeinschaftsgemäß. Bei der Verfolgung und Verurteilung nationalsozialistischer Verbrechen war regelmäßig festzustellen, daß die Täter nach 1945 ein normales Leben geführt hatten und von großer nachbarlicher und kollegialer Freundlichkeit, Verläßlichkeit und Hilfsbereitschaft sein konnten. Auch eine Gesellschaft, deren altes politisches System untergegangen ist und bei der ohnehin ein neues politisches System wächst oder schon gewachsen ist, muß nicht eigentlich abgeschreckt und resozialisiert werden. Daß die Bürger eines freiheitlichen demokratischen Systems über den Mühen der Freiheit deren Gewinn vergessen und die Schwierigkeiten der Welt, die von der Demokratie zwar nicht hervorgerufen, aber abgebildet werden, doch der Demokratie anlasten und sich nach der scheinbaren Klarheit, Sicherheit und Ordnung eines autoritäreren Systems sehnen, droht immer wieder einmal. Es muß auch immer wieder

13 Vgl. C. Roxin, *Strafrecht. Allgemeiner Teil*, 1. Bd., *Grundlagen. Der Aufbau der Verbrechenslehre*, München ³1997, S. 47 f., 52 f.

erkannt und bekämpft werden. Aber der Pendel-
schwung zwischen Freiheitswunsch und Ordnungssehnsucht ist zu universell, und die Einrichtungen, auch
die mehr oder weniger verbrecherischen Einrichtungen, nach denen die Ordnungssehnsucht verlangt, sind
zu verschieden, als daß hier von Wiederholung zu reden
wäre. Der Holocaust muß nicht erinnert werden, damit
er nicht wiederholt wird, und Prävention kann hier nur
darauf zielen, daß Vergleichbarem schon in den Anfängen gewehrt und daß die dafür nötigen Bürgertugenden, die nötige politische, moralische und rechtliche
Sensibilität und Courage geschärft werden.[14]

IV.

Dem Recht wohnt beides inne: das Erinnern und das
Vergessen. Es verlangt, daß Täter an ihrer Schuld festgehalten werden und für ihre Schuld einstehen und daß
mit ihrer Bestrafung ein Zeichen dafür gesetzt wird, daß
Vergleichbares nicht geschehen darf, daß es nicht hingenommen, ihm vielmehr entgegengetreten wird. Zugleich verlangt es, daß Vergangenes abgeschlossen und
erledigt sein soll. Gewiß, es verlangt Abschluß und Er-
ledigung erst nach einer Weile oder nur bei Fehlen eines
Gesetzes, das die heute zu verhängende Strafe schon damals für die begangene Tat angedroht hat. Aber damit

---

14 Das ist das moralische Dilemma der These, der Holocaust sei als un-
    vergleichbares Ereignis zu erinnern. Die Unvergleichbarkeitsthese
    versteht sich als moralische These und lehnt die Vergleichbarkeitsthese
    als unmoralische These ab. Aber ein entscheidender moralischer
    Grund des Erinnerns ist die Vermeidung der Wiederholung, die ernst-
    haft und sinnvoll nur die Vermeidung von Vergleichbarem sein kann.

ist der Konflikt nicht gelöst; die Gesellschaft braucht kein Gesetz, um schuldig sprechen und strafen zu wollen, und Zeichen können beliebig lange nach der Tat gesetzt werden. Auch daß das Recht nicht das vergangene, sondern nur das gegenwärtige und zukünftige Leben gestalten kann, löst den Konflikt nicht. Schuldspruch und Bestrafung geschehen in der Gegenwart und setzen ein Zeichen für Gegenwart und Zukunft.

Weil dem Recht beides innewohnt, ist seine Instrumentalisierung in die eine wie in die andere Richtung nicht bloße Instrumentalisierung. Sie bringt das Recht zur Geltung – mit einer seiner beiden Seiten. Zugleich bringt sie das Recht in Konflikt – mit seiner anderen Seite. Die strafrechtliche Bewältigung sowohl der nationalsozialistischen als auch der kommunistischen deutschen Vergangenheit kam denn auch mit dem Verjährungsgrundsatz und dem Rückwirkungsverbot in Konflikt. Als es an die Verfolgung und Verurteilung sowohl nationalsozialistischer als auch kommunistischer Taten ging, waren diese zum Teil verjährt oder drohten, alsbald zu verjähren, und außerdem konnten sie unter dem Rückwirkungsverbot nur dann verfolgt und verurteilt werden, wenn sie schon zur Zeit ihrer Begehung strafbar waren. Der Konflikt wird anschaulich, wenn Gesetzgebung, Rechtsprechung und Rechtswissenschaft in den Blick, auch und gerade in den juristischen Blick genommen werden.

Das Verfolgungs- und Verurteilungshindernis der Verjährung wurde zunächst durch die zwischen 1946 und 1948 erlassenen Ahndungsgesetze relativiert, die anordneten, bei Straftaten, die aus politischen Gründen zwischen 1933 und 1945 nicht geahndet wurden, deren nachträgliche Bestrafung aber ein Gebot der Gerechtigkeit war, vom Ruhen der Verjährung zwischen 1933 und 1945 auszugehen.[15] Die tragende Überlegung war, daß da, wo Strafverfolgung aus politischen Gründen überhaupt gehemmt gewesen sei, sie auch nicht habe verjähren können.[16] Ähnlich hat das Verjährungsgesetz von 1993 angeordnet, vom Ruhen der Verjährung zwischen 1949 und 1990 für Straftaten auszugehen, die während dieser Jahre in der DDR aus politischen Gründen nicht verfolgt wurden.[17] Der Eintritt gleichwohl drohender Verjährung wurde in den sechziger und siebziger Jahren für nationalsozialistische und in den neunziger Jahren für kommunistische Taten durch die Verlängerung oder Aufhebung noch nicht abgelaufener Verjährungsfristen abgewendet.[18]

In der Rechtswissenschaft gab und gibt es gegen diese Änderungen des Verjährungsrechts Bedenken; wenn nicht das als Prinzip »nulla poena sine lege« tradierte, in Art. 103 Abs. 2 GG positivierte Verbot rückwirkender Bestrafung,[19] dann seien doch die im Rechtsstaatsprin-

---

15 Vgl. S. Zimmermann, *Strafrechtliche Vergangenheitsaufarbeitung und Verjährung. Rechtsdogmatische und -politische Analyse mit vergleichenden Ausblicken nach Tschechien, Ungarn und Frankreich*, Freiburg i. Br. 1997, S. 67 f.

16 Ebd., S. 61; BGH, NJW 1962, 2308; BGHSt 18, 367 (368).

17 Vgl. V. Kramer, »Zur Verjährungsproblematik bei SED-Unrechtstaten. Kritische Betrachtung zum Beschluß des OLG Braunschweig vom 22. 11. 1991«, NJ 1992, 233 (235 f.); B. Pieroth/T. Kingreen, »Die verfassungsrechtliche Problematik des Verjährungsgesetzes«, NJ 1993, 385.

18 Vgl. H.-L. Schreiber, »Die strafrechtliche Aufarbeitung von staatlich gesteuertem Unrecht«, ZStW 1995, 157 (178); Zimmermann (Fn. 15), S. 177 ff.

19 G. Grünwald, »Zur verfassungsrechtlichen Problematik der rückwirkenden Änderung von Verjährungsvorschriften«, MDR 1965, 521; ders., »Zur Frage des Ruhens der Verjährung von DDR-Straftaten«, StV 1992, 333 (336); Pieroth/Kingreen (Fn. 17), S. 390 f., 392.

zip wurzelnden Postulate der Rechtssicherheit und des Vertrauensschutzes verletzt.[20] Das Bundesverfassungsgericht hat diese Bedenken nicht geteilt; es hat wie schon die Ahndungsgesetze[21] auch die Verlängerung oder Aufhebung noch nicht abgelaufener Verjährungsfristen als verfassungsgemäß akzeptiert.[22] In der Tat spricht vieles dafür, daß die Strafbarkeit, die nach Art. 103 Abs. 2 GG gesetzlich bestimmt sein muß, bevor die Tat begangen wird, zwar den Straftatbestand und die Strafandrohung, aber nicht die Strafverfolgungsvoraussetzungen umfaßt.[23] Der Bürger soll darüber sicher sein und darauf vertrauen können, welche seiner Handlungen und Unterlassungen strafbar sind und welche Strafe ihm droht, aber nicht, wie die Strafverfolgung funktioniert. Dies entspricht auch dem Schuldprinzip: Der Bürger macht sich zwar dann nicht schuldig, wenn er sein Verhalten nicht für strafbar hält und angesichts der Rechtslage auch nicht für strafbar halten muß, seine Schuld wird aber nicht dadurch in Frage gestellt, daß die Gesetze ihm einen Termin verheißen, nach dem sein strafbares Verhalten nicht mehr verfolgt wird.

Verfassungsrechtlich ungleich problematischer ist die Verfolgung und Verurteilung sowohl nationalsozialistischer als auch kommunistischer Taten, bei denen außer

---

20 Zimmermann (Fn. 15), S. 214 ff.; vgl. m.w.N. S. Buchner, *Die Rechtswidrigkeit der Taten von »Mauerschützen« im Lichte von Art. 103 II GG unter besonderer Berücksichtigung des Völkerrechts. Ein Beitrag zum Problem der Verfolgung von staatlich legitimiertem Unrecht nach Beseitigung des Unrechtssystems*, Frankfurt/M. 1996, S. 83 ff., 118 f.; Schreiber (Fn. 18), 180.

21 BVerfGE 1, 418.

22 BVerfGE 25, 269; BVerfG, NJW 1995, 1145.

23 Vgl. G. Bemmann, »Zur Frage der nachträglichen Verlängerung der Strafverfolgungsverjährung«, JuS 1965, 333 (339 f.).

Zweifel steht, daß sie im Dritten Reich oder in der DDR nie verfolgt und verurteilt worden wären. Denn hier sind die Täter davon ausgegangen und konnten angesichts der Rechtslage davon ausgehen, ihr Verhalten sei nicht strafbar. Wenn im Dritten Reich sog. Exzeßtäter, die Juden ohne Befehl töteten, strafrechtlich zur Verantwortung gezogen wurden, wurden sie es wegen militärischen Ungehorsams und ausdrücklich nicht wegen der Tötung der Juden; diese war nicht strafbar.[24] Wenn in der DDR ein ungesetzlicher Grenzübertritt im schweren Fall mit einem tödlichen Schuß verhindert wurde, war dies durch das Grenzgesetz gerechtfertigt und wurde nicht nur nicht bestraft, sondern belobigt und prämiert.[25]

Anders als das Statut des Internationalen Gerichtshofs in Nürnberg und das Kontrollratsgesetz Nr. 10 der Alliierten, die das Rückwirkungsverbot ausdrücklich suspendierten, hat die Rechtsprechung der Bundesrepublik Deutschland an ihm stets festgehalten.[26] Die Bestrafung nationalsozialistischer Taten gleichwohl zu rechtfertigen, wurde schon früh auf die Forderung von Radbruch zurückgegriffen, das positive Gesetz müsse, wenn es in unerträglichem Widerspruch zur Gerechtigkeit stehe, der Gerechtigkeit als unrichtiges Recht weichen.[27] Bestraft wurde nach dem im Dritten Reich geltenden Strafrecht, das aber mit der sog. Radbruchschen

24 Vgl. Werle (Fn. 4), 2535.
25 Vgl. G. Jakobs, »Untaten des Staates – Unrecht im Staat. Strafe für die Tötungen an der Grenze der ehemaligen DDR?«, GA 1994, 1 (5); Schreiber (Fn. 18), 164.
26 Vgl. Werle (Fn. 4), 2533.
27 G. Radbruch, »Gesetzliches Unrecht und übergesetzliches Recht«, SJZ 1946, 105 (107); auch in: A. Kaufmann (Hg.), Gustav Radbruch. Gesamtausgabe, 3. Bd., Heidelberg 1990, S. 83.

Formel von den Rechtfertigungs- oder auch Schuldaus-
schließungsgründen gereinigt wurde, dank deren die
Täter im Dritten Reich nicht hätten bestraft werden
können.[28] Als seit den späten fünfziger Jahren die
Judenvernichtung Gegenstand der Rechtsprechung
wurde, wurde Hitlers Vernichtungsbefehl in erster Linie nicht mit der Radbruchschen Formel, sondern mit
einer auf den Rechtsstaat rekurrierenden Erwägung als
Rechtfertigungsgrund aus dem Strafrecht des Dritten
Reichs herausgebrochen: Als nur mündlich geäußerter,
nicht veröffentlichter, sondern gerade geheimer Befehl
habe Hitlers Vernichtungsbefehl der rechtlichen Ver-
bindlichkeit entbehrt. Durch den Vernichtungsbefehl
sei Hitler mit den Angehörigen der nationalsozialistischen Führung aber der eigentliche Täter der Judenvernichtung gewesen; die Täter vor Ort seien strafrechtlich
nur Gehilfen gewesen, es sei denn, sie wären als Exzeßtäter befehlswidrig über ihre Rolle als Rad in der von
den Haupttätern in Gang gesetzten und gehaltenen
Vernichtungsmaschinerie hinausgegangen.[29]

Am nationalsozialistischen Rechtssystem geht diese
Erwägung vorbei. Das Dritte Reich war kein Rechts-
staat, und die rechtsstaatlichen Vorstellungen von den
Formen des Rechts und von Rechtsnichtigkeit bei
Formwidrigkeit waren ihm fremd. Der Wille und Be-
fehl des Führers, oberster Rechtssatz und zugleich
Quelle allen Rechts im nationalsozialistischen Rechts-
system, war an keine Form gebunden. Auch der münd-

28 Vgl. I. Sagel-Grande/H. H. Fuchs/C. F. Rüter, *Justiz und NS-Verbrechen. Sammlung deutscher Strafurteile wegen nationalsozialistischer
Tötungsverbrechen 1945-1966*, 21. Bd., Amsterdam 1979, S. 444; Werle
(Fn. 4), 2534.
29 Vgl. Werle (Fn. 4), 2533.

liche, nichtveröffentlichte, geheime Befehl Hitlers
setzte Recht.[30] Die Rechtsprechung der Bundesrepublik Deutschland nahm dies immerhin so ernst, daß
sie hilfsweise doch auf eine Art von Radbruchscher
Formel zurückgriff und dem Führerbefehl auch bei un-
terstellter Formrichtigkeit absprach, einen nach allgemeiner Auffassung unverletzlichen, vom Konsens zivi-
lisierter Völker getragenen, das Verbot der Vernichtung
der Juden einschließenden Kernbereich des Rechts außer Kraft setzen zu können.[31]

Mit einer ähnlichen Mischung aus naturrechtlicher
Aberkennung der Geltung und Überstülpung einer
rechtsstaatlichen Interpretation geht die bundesrepublikanische Rechtsprechung auch mit dem Recht der
DDR um. Unter Berufung auf die Radbruchsche Formel läßt sie bei tödlichen Schüssen an der Mauer den
Rechtfertigungsgrund des Grenzgesetzes der DDR unbeachtet, weil er die allen Völkern gemeinsame Überzeugung von Wert und Würde des Menschen verletze
und gegen Grundgedanken der Menschlichkeit und
Gerechtigkeit verstoße.[32] Daneben sieht sie den Richter
bei der Beurteilung dessen, was zur Tatzeit das Recht
der DDR war, nicht an das gebunden, was zur Tatzeit in
der DDR als Recht interpretiert und angewandt wurde,
sondern verlangt auf das »richtig interpretierte Gesetz«
abzustellen, d. h. das rechtsstaats- und menschenrechtsfreundlich und nach Maßgabe des Grundsatzes der Ver-

---

30 G. Werle, *Justiz-Strafrecht und polizeiliche Verbrechensbekämpfung
   im Dritten Reich*, Berlin/New York 1989, S. 683; ders. (Fn. 4), 2534.
31 BGHSt 2, 234 (237ff.); vgl. Sagel-Grande (Fn. 28), S. 444; Werle (Fn. 4),
   2534.
32 BGH, NJW 1993, 141 (144); BGH, NJW 1994, 2703 (2705); BGH,
   NJW 1994, 2709 (2709).

hältnismäßigkeit interpretierte Gesetz. In dieser bundesrepublikanischen Interpretation habe das Grenzgesetz der DDR tödliche Schüsse an der Mauer nicht gerechtfertigt.[33]

Das Argument, als Recht habe nicht gegolten, was als geltendes Recht angewandt wurde, sondern was aus anderer, späterer Sicht als geltendes Recht hätte angewandt werden sollen, will über das naturrechtliche Argument der Radbruchschen Formel hinausgehen. Aber stimmig ist es allenfalls als naturrechtliches Argument, als Ausspielen eines naturrechtlichen Gelten-Sollens gegen ein positiv-rechtliches Gelten.[34] Daß die Geltung eines Gesetzes zu einer bestimmten Zeit und an einem bestimmten Ort etwas anderes als die Interpretation, Anwendung und Befolgung sei, in der das Gesetz sich zu dieser Zeit und an diesem Ort wirklich zur Geltung bringt, ergibt keinen stimmigen Begriff der Geltung.[35] So hängt denn alles an der Radbruchschen Formel.

---

33 BGH, NJW 1993, 141 (148).

34 In diesem Sinn geht Alexy zwar vom Kriterium der sozialen Wirksamkeit im großen und ganzen als Voraussetzung der Geltung aus, sieht es jedoch durch »das negative Definitionsmerkmal der extremen Ungerechtigkeit eingeschränkt«; vgl. R. Alexy, *Begriff und Geltung des Rechts*, Freiburg i. Br./München 1992, S. 201 ff., 204. Auch Kaufmann modifiziert seinen Begriff der Geltung »bei sehr schwerem, eben unerträglichem Unrecht, dem der Makel auf der Stirn geschrieben steht und das unter keinem denkbaren Gesichtspunkt als gerecht erscheint«; vgl. A. Kaufmann, »Die Radbruchsche Formel vom gesetzlichen Unrecht und vom übergesetzlichen Recht in der Diskussion um das im Namen der DDR begangene Unrecht«, NJW 1995, 81 (84 f.).

35 Vgl. H. Dreier, »Gustav Radbruch und die Mauerschützen«, JZ 1997, 421 (431); K. Günther, »Anmerkung zum Urteil des Bundesgerichtshofs vom 3. 11. 1992«, StV 1993, 18 (21 f.); Jakobs (Fn. 25), 5 ff.; H. Kelsen, *Reine Rechtslehre*, Wien 1960, S. 215 ff.; ders., *Allgemeine Theorie der Normen*, Wien 1979, S. 111 ff.; B. Schlink, »Rechtsstaat und revolutionäre Gerechtigkeit«, im vorliegenden Band S. 38 (48 ff.).

V.

Auch das Bundesverfassungsgericht setzt auf sie. Aber es setzt nicht auf sie allein.

Bei der strafrechtlichen Bewältigung der nationalsozialistischen Vergangenheit hatte es sich nur mit der Suspendierung, Verlängerung und Aufhebung der Verjährung zu beschäftigen, deren verfassungsrechtlicher Ort zweifelhaft ist. Bei der Bewältigung der kommunistischen Vergangenheit war es mit dem strafrechtlichen Rückwirkungsverbot konfrontiert. Daß dieses in Art. 103 Abs. 2 GG seinen verfassungsrechtlichen Ort hat, steht außer Zweifel.

Daß der Ort, den es im Recht hat, ein Ort im Verfassungsrecht ist, ist für den inneren Konflikt des Rechts von entscheidender Bedeutung. Erinnerndes Recht ist das Strafrecht, ein vielgestaltiges Restitutions- und Wiedergutmachungsrecht, das Recht des öffentlichen Dienstes, soweit es um entsprechende Positionen und Karrieren geht, und vergessendes Recht ist das Prozeß- und Verfahrensrecht mit seinen Bestimmungen über Verjährung, Bestands- und Rechtskraft. Dieses erinnernde und vergessende Recht ist einfaches Recht, vom Gesetzgeber mit einfacher parlamentarischer Mehrheit mal mehr in die eine und mal mehr in die andere Richtung zu gestalten. Der innere Konflikt des Rechts ist hier als normaler politischer Konflikt auszutragen und zu entscheiden. Mit dem strafrechtlichen Rückwirkungsverbot von Art. 103 Abs. 2 GG ist der innere Konflikt des Rechts an einem zentralen Punkt durch das Recht selbst entschieden; das Recht höherer Ord-

nung gibt dem Recht niederer Ordnung eine Grenze
vor, die der Gesetzgeber mit einfacher parlamentarischer Mehrheit nicht überschreiten darf. Wie stets, wo
die freiheitliche, demokratische und rechtsstaatliche
Verfassung Grenzen vorgibt, macht auch diese die politisch schwächere Seite gegen die stärkere stark, das Interesse des einzelnen, nicht bestraft zu werden, wenn er
sein Verhalten nicht für strafbar hielt und angesichts der
Rechtslage auch nicht halten mußte, gegen den Strafwunsch, das Strafbedürfnis der Gesellschaft.

Dieser verfassungsrechtlichen Entscheidung hat das
Bundesverfassungsgericht mit der Radbruchschen Formel nur wenig entgegenzuhalten, obwohl es, wie ange-
legentlich auch schon der Bundesgerichtshof, auf eine
völkerrechtliche Verstärkung und Konkretisierung des
naturrechtlichen Arguments setzt und in der Gerechtigkeit, der das positive Recht als unrichtiges Recht weichen muß, besonders die völkerrechtlich anerkannten
Menschenrechte enthalten sieht.[36] Wenig ist dies, weil
die Radbruchsche Formel in doppelter Weise nicht
paßt. Sie paßt nicht in die heutige Zeit; immerhin kann
die Anerkennung des Naturrechts nicht vorausgesetzt,
sondern nur zum Bekenntnis und zur Forderung erhoben werden, und dieses Bekenntnis und diese Forderung werden seit dem Ende der Naturrechtsrenaissance
der späten vierziger und fünfziger Jahre[37] keineswegs
mehr allgemein geteilt. Sie paßt auch nicht auf die heu-

---

36 BVerfGE 95, 96 (133 ff.).
37 K. Kühl, »Rückblick auf die Renaissance des Naturrechts nach dem 2.
    Weltkrieg«, in: G. Köbler/M. Heinze/J. Schapp (Hg.), *Geschichtliche
    Rechtswissenschaft. Ars Tradendo Innovandoque Aequitatem Sec-
    tandi. Freundesgabe Alfred Söllner zum 60. Geburtstag am 5. 2. 1990*,
    Gießen 1990, S. 331.

tigen Fälle; von einem bei ungesühntem Schuß an der Mauer drohenden unerträglichen Widerspruch zur Gerechtigkeit kann nicht die Rede sein, wenn schließlich die von der Gerechtigkeit geforderte Strafe lediglich in einer geringen, auf Bewährung ausgesetzten Freiheitsstrafe besteht.[38]

So findet sich beim Bundesverfassungsgericht neben der Radbruchschen Formel eine fundamentale Relativierung des in Art. 103 Abs. 2 GG verbürgten Rückwirkungsverbots.[39] Zwar gelte das Rückwirkungsverbot absolut. Aber es gelte absolut nur im Normalfall. Dieser sei gegeben, wenn eine Tat unter der Geltung des Grundgesetzes begangen wurde und unter der Geltung des Grundgesetzes auch bestraft werden soll. Dann dürfe sie nicht nach einem Strafgesetz bestraft werden, das zwar zur Zeit der Bestrafung in Geltung ist, aber zur Zeit der Begehung noch nicht in Geltung war. Wenn eine Tat unter der Geltung einer anderen, der Gewaltenteilung und den Grundrechten nicht verpflichteten Verfassung begangen wurde und unter der Geltung des Grundgesetzes bestraft werden soll, liege ein Ausnahmefall vor. Hier gelte das Rückwirkungsverbot nur relativ. Der Bürger, der eine Tat unter der Geltung der anderen Verfassung begangen hat und dafür unter der Geltung des Grundgesetzes bestraft werden soll, könne auf einen strikten Schutz seines Vertrauens in das zur Tatzeit geltende Recht nicht rechnen. Geschützt werde sein Vertrauen nur, wenn das zur Tatzeit geltende Recht nicht im Widerspruch zur Gerechtigkeit steht.

38 Vgl. BGH, NJW 1993, 141 (142); BGH, NJW 1994, 2240.
39 BVerfGE 95, 96 (132 f.).

Damit ist das Rückwirkungsverbot im Nerv getroffen. Wenn es so verstanden wird, wie es vom Bundesverfassungsgericht entfaltet wird, geht es ins Leere. Im gewaltenteiligen, grundrechtsgebundenen Staat des Grundgesetzes später rückwirkend zu bestrafen, was in diesem Staat früher geschehen ist, ist auch ohne Art. 103 Abs. 2 GG rechtlich nicht möglich. Schon die Grundrechte der Art. 1-19 GG verwehren, das Verhalten eines Bürgers nachträglich zu verbieten, weil das Verbot eines Verhaltens nur zur Erreichung eines anderen Verhaltens geeignet und gerechtfertigt ist, das nachträgliche Verbot zur Erreichung des anderen Verhaltens aber zu spät kommt, daher nicht geeignet ist, und nicht gerechtfertigt werden kann. Sollte es aber den, an den es gerichtet ist, gar nicht beeinflussen wollen, sondern allein die Abschreckung anderer bezwecken und für diesen Zweck auch geeignet sein, wäre es dennoch nicht gerechtfertigt, weil es den, an den es gerichtet ist, als bloßes Objekt benutzen und damit gegen seine Menschenwürde verstoßen würde.

Das Rückwirkungsverbot zielt demgegenüber auf Wandlungen des Gerechtigkeitsempfindens und -bewußtseins, auf Veränderung in der Sicht von dem, was Staatsräson und Wohl der Gesellschaft verlangen, und damit auch auf System- und Regimewechsel. Dies sind die Situationen, in denen sich mit der Vorstellung von Gerechtigkeit auch das Strafbedürfnis wandelt und rückwirkend durchsetzen will. Es will sich rückwirkend durchsetzen, weil es die Gerechtigkeitsvorstellung, die zur Zeit der Tat herrschte, als falsch und die Gerechtigkeitsvorstellung, die jetzt herrscht, als richtig voraussetzt. Wenn das Rückwirkungsverbot mit dem Bundesverfassungsgericht da nicht angewandt wird, wo das zur Zeit der Tat geltende Recht im Widerspruch zu der Vorstellung von Gerechtigkeit steht, die zur Zeit der Verfolgung und Verurteilung der Tat herrscht, wird es gerade der Anwendung beraubt, in der es als Schutz gegen einen rückwirkenden Strafwunsch, ein rückwirkendes Strafbedürfnis gebraucht wird. Da, wo die jetzige Gerechtigkeitsvorstellung dieselbe wie die damalige ist, gibt es kein rückwirkendes Strafbedürfnis und keinen Grund, ihm mit dem Rückwirkungsverbot zu begegnen.

Die bundesverfassungsgerichtliche Sicht des Rückwirkungsverbots läßt nicht nur dessen ausdrückliche Suspendierung durch das Statut des internationalen Gerichtshofs in Nürnberg und das Kontrollratsgesetz Nr. 10 der Alliierten unnötig erscheinen. Sie rückt auch die nationalsozialistische Aufhebung des Rückwirkungsverbots in ein neues Licht, soweit es ihr darum ging, zur Durchsetzung der nationalsozialistischen Vorstellung von Gerechtigkeit Taten aus der Weimarer Republik im Dritten Reich schärfer zu bestrafen, als dies in der Weimarer Republik möglich war.[40] Auch wenn die schärfere nationalsozialistische Bestrafung nach unserer Vorstellung von Gerechtigkeit Unrecht ist – die nationalsozialistische Aufhebung des Rückwirkungsverbots ist in Konsequenz der Sicht des Bundesverfassungsgerichts kein Unrecht, sondern die deklaratorische, eigentlich überflüssige Anerkennung seiner Relativität bei System- und Regimewechseln.

Das Rückwirkungsverbot, das weder nach der guten oder bösen Absicht derer fragt, die die Tat zur Zeit ihrer

---

40 Vgl. Werle (Fn. 30), S. 167, 348f., 418f., 696.

Begehung mit Strafe bedroht oder nicht bedroht haben, noch nach der Absicht derer, die sie jetzt verfolgen und verurteilen wollen, noch auch danach, ob die Tat seinerzeit mit guter oder böser Absicht begangen wurde, das auch nicht fallweise fragt, ob das Strafen der Gerechtigkeit nützt oder schadet, sondern es kategorisch verbietet, wenn das Bedürfnis danach zur Zeit der Begehung der Tat nicht die Form des Gesetzes gewonnen hatte, ist von Formalität gekennzeichnet. Darum ist es nicht etwa formalistisch und positivistisch; es steht nicht als Ausdruck einer positivistischen Vorstellung von Rechtssicherheit gegen naturrechtliche Gerechtigkeitsvorstellungen und Strafbedürfnisse. Die Vorstellung von Rechtssicherheit, nach der dem, der gestern dem Recht gehorcht hat, dieser Gehorsam heute nicht vorgeworfen werden kann, ist ebenso eine inhaltliche Vorstellung von dem, was Recht ist oder sein soll, wie die naturrechtlichen Gerechtigkeitsvorstellungen und Strafbedürfnisse, mit denen sie in Konflikt geraten kann. Die Vorstellung ist nicht positivistisch; Positivismus handelt überhaupt nicht vom Gehorsam und der Pflicht oder auch dem Recht zum Gehorsam.[41] Das Rückwirkungsverbot ist in einer Verfassungs- und Rechtsordnung entweder positiviert oder nicht positiviert, und sowohl der eine wie der andere Befund kann positivistisch beschrieben werden. Ist es positiviert, dann gewährleistet es an einem wichtigen Punkt Verläßlichkeit der Lebenswelt. Soweit es um das Bestrafen eines Verhaltens geht, soll man sich auf das Recht so verlassen können, wie es zur Zeit des Verhaltens galt. Das strafrechtliche Rückwirkungsverbot heißt nicht, daß

41 H. Dreier, *Rechtslehre, Staatssoziologie und Demokratietheorie bei Hans Kelsen*, Baden-Baden 1990, S. 182.

das Verhalten moralisch richtig war und schließt weder spätere soziale oder ökonomische Sanktionen noch negative Folgen für Beruf und Karriere aus. Es heißt nur, daß an die vergangene Lebenswelt strafrechtlich nicht mehr gerührt werden kann.

VI.

Wo das Rückwirkungsverbot gilt, kann eine Gesellschaft Vergangenes nicht mehr mit dem scharfen Mittel der strafrechtlichen Ausgrenzung in die kollektive Biographie integrieren, sondern muß die Integration auf andere Weise leisten und dabei auch integrieren, daß die strafrechtliche Ausgrenzung nicht gelingen kann. Wie, wenn eine Gesellschaft ebendies nicht kann oder will? Wenn das Vergangene so furchtbar ist, daß sie es nur durch strafrechtliche Ausgrenzung integrieren kann?

Das Rückwirkungsverbot ist verfassungsrechtlich garantiert. Es kann zwar vom einfachen Gesetzgeber nicht aufgehoben oder geändert werden. Der verfassungsändernde Gesetzgeber ist aber frei, es wenn nicht aufzuheben, dann doch zu ändern. Er findet seine Schranke nur in Art. 79 Abs. 3 GG, der mit den Grundsätzen der Achtung und des Schutzes der Menschenwürde (Art. 1 GG) und der Bindung der Rechtsprechung an Gesetz und Recht (Art. 20 GG) vielleicht der völligen Aufhebung des Rückwirkungsverbots entgegensteht, aber nicht seiner Änderung.[42] Die Relativie-

---

42 BVerfGE 30, 1 (24ff.); vgl. Dreier (Fn. 35), 433; Grünwald (Fn. 19), 525; B. Schlink, »Das Abhör-Urteil des Bundesverfassungsgerichts«, Staat 1973, S. 85 (94f.).

rung des Rückwirkungsverbots, die die Rechtsprechung nur um den Preis seiner Entleerung bekommen hat, wäre ohne diesen Preis durch eine Verfassungsänderung zu bekommen gewesen, die das Rückwirkungsverbot ausdrücklich für die Verfolgung nationalsozialistischer oder auch kommunistischer Straftaten suspendiert hätte.

Die Frage der rückwirkenden Bestrafung wäre dann nicht von der Rechtsprechung, sondern vom Gesetzgeber zu beantworten gewesen – mit der politischen Diskussion und Publizität, die verfassungsändernde Gesetzgebung genießt. Sie hätte diese Diskussion und Publizität als Gegenstand der verfassungsändernden Gesetzgebung auch besonders verdient; ob Vergangenes rückwirkend bestraft und dadurch ausgegrenzt oder auf andere Weise in die kollektive Biographie integriert werden soll, ist eine entscheidende Frage der Bewältigung der Vergangenheit.

Daß die bundesrepublikanische Rechtsprechung sie nicht der Gesetzgebung überlassen, sondern selbst beantwortet hat, dürfte mehrere Gründe haben. Zum einen waren die Verbrechen des Dritten Reichs so furchtbar, daß es zur Frage der rückwirkenden Bestrafung nur eine Antwort zu geben schien; diese erst vom Parlament statt sogleich von den Gerichten geben zu lassen, die die rückwirkende Bestrafung schließlich auszusprechen hatten, schien entbehrlich. Zum anderen hat die Rechtsprechung, die für die Verbrechen des Dritten Reichs das Rückwirkungsverbot anstelle der Gesetzgebung relativiert hat, ihr Ansehen gewahrt. Wenn das Recht eigentlich immer naturrechtlich durchwirkt war, wenn also auch im Dritten Reich dessen Verbrechen nicht

rechtens und eigentlich strafrechtlich zu verfolgen und
zu verurteilen waren, dann war das Recht im Dritten
Reich nicht falsch, sondern eigentlich richtig und die
Rechtsprechung daran, das Richtige zu wirken, nur
durch die nationalsozialistischen Machthaber gehindert. Die Strafverfolgung im Dritten Reich war dann
eben gehemmt, wie es auch bei Schaffung der Ahndungsgesetze gesehen wurde. Zum dritten dürfte, was
die kommunistische Vergangenheit angeht, weniger die
alte, Nationalsozialismus und Kommunismus gleich-
setzende Totalitarismusthese eine Rolle gespielt haben
als vielmehr der Umstand, daß das strafrechtliche
Rückwirkungsverbot nun schon relativiert war. Der
Vergleich politischer Systeme, ihres gleichen, ähnlichen
oder verschiedenen Totalitarismus, ihrer gleichen, ähnlichen oder verschiedenen Qualität als Unrechtstaat ist
sowieso nicht das Geschäft der Gerichte;[43] sie beschäftigen sich mit einzelnen Taten und fanden dabei zur
Verurteilung kommunistischer Taten trotz strafrechtlichen Rückwirkungsverbots ein Muster vor, das sie mit
kleinen Änderungen anwenden konnten. Also wende-
ten sie es auch an.

So hat die Verfassungsdiskussion und -entscheidung
zur Bewältigung der nationalsozialistischen und kom-

---

43 Vgl. BGH, NJW 1993, 141 (144f.). Immerhin sieht auch hier der Bundesgerichtshof, daß »die Tötung von Menschen an der innerdeutschen
Grenze nicht mit dem nationalsozialistischen Massenmord gleichgesetzt werden kann«. Allerdings fährt er fort: »Gleichwohl bleibt die
damals gewonnene Einsicht gültig, daß bei der Beurteilung von Taten,
die im staatlichen Auftrag begangen worden sind, darauf zu achten ist,
ob der Staat die äußerste Grenze überschritten hat, die ihm nach allgemeiner Überzeugung in jedem Lande gesetzt ist«; vgl. B. Schlink,
»Rechtsstaat und revolutionäre Gerechtigkeit«, im vorliegenden Band
S. 38 (44ff.).

munistischen Vergangenheit durch rückwirkende Bestrafung nicht stattgefunden. Das Recht wurde damit um seinen spezifischen Beitrag zur Bewältigung der Vergangenheit gebracht. Mit der verfassungsrechtlichen Garantie des Rückwirkungsverbots gibt es die Verfassung als die Ebene vor, auf der die Frage nach der Bewältigung der Vergangenheit durch rückwirkende Bestrafung zu stellen und zu beantworten gewesen wäre, als eine politische Frage von besonderem Rang, zu beantworten in politischer Diskussion, mit politischer Publizität, zur politischen Aufklärung. Daß sie nicht so gestellt und beantwortet wurde, war für die Bewältigung der Vergangenheit der Bundesrepublik Deutschland ein Verlust.

Denn ebendies ist der Beitrag des Rechts zur Bewältigung von Vergangenheit: nicht die Weise, wie Gesellschaft das Vergangene konstruiert und in die Biographie integriert, sondern wie sie sich für die Weise der Konstruktion und Integration entscheidet. Zwar spielt das Recht eine wichtige Rolle, wie immer die Entscheidung fällt; es unterstützt in Vergessenskulturen das Vergessen und in Erinnerungskulturen das Erinnern. Aber seine eigentliche Leistung ist die Vorgabe von Formen und Verfahren, in denen die Entscheidung über die Weise der Konstruktion und Integration getroffen wird. Ausgrenzung nicht durch eine Nacht der langen Messer, sondern durch Strafprozesse, Strafprozesse nicht als revolutionäre Tribunale, sondern als gerichtliche Verfahren, gerichtliche Verfahren nicht in richterlicher Usurpation von Entscheidungsmacht, sondern in rechtsstaatlichem Respekt vor den Entscheidungen des Gesetzgebers, Entscheidungen des Gesetzgebers nicht mit einfacher, sondern mit qualifizierter Mehrheit, weil es um die Verfassung geht, um Entscheidungen des Gesetzgebers zur Verfassung, um die entsprechende politische Diskussion, Publizität und Aufklärung und in dieser politischen Diskussion um die Konstruktion des Vergangenen und seine Integration in die Biographie – dies sind Weichen, die das Recht stellt. Sein spezifischer Beitrag zur Bewältigung von Vergangenheit sind seine Formen und Verfahren. Sie sind sein Beitrag zur politischen Kultur überhaupt.

Unfähigkeit der Staatsrechtswissenschaft zu trauern?

I.

Am 4. Oktober 2000 beschäftigte sich die Vereinigung der Deutschen Staatsrechtslehrer erstmals mit der deutschen Staatsrechtslehre in der Zeit des Nationalsozialismus. Die beiden gehaltenen Vorträge konnten auf zahlreiche Forschungen und vielfältige Literatur zurückgreifen[1] und ein abgesichertes, übereinstimmendes Bild präsentieren.

Das Bild umfaßt den Bedeutungsverlust von Verfassung und Verfassungsorganen, Rechtsformen und Verwaltungsgerichtsbarkeit, das Neben- und Gegeneinander von Staat und Partei und einer Vielzahl von Sonderbevollmächtigten, -behörden und -apparaten, die Konzentration der Hoheitsgewalt im Führerwillen und -erlaß, die völkische und rassische Einfärbung der rechtlichen Terminologie so, daß sie zur Legitimation der Judendiskriminierung, -verfolgung und -vernichtung taugte, die begrifflichen Wendungen von der Staatsperson zur Volksgemeinschaft, vom liberalen zum nationalsozialistischen Rechtsstaat und zum völkischen Führerstaat, von den Gegensätzen Staat und Gesellschaft, Gesellschaft und Individuum, subjektives

---

1 Gültig dargestellt und gewürdigt sind die Forschungen und Literatur bei M. Stolleis, *Geschichte des öffentlichen Rechts in Deutschland*, 3. Bd., München 1999, S. 246 ff.

und objektives Recht und Privat- und Öffentliches
Recht zu den Einheitsformeln von Staat, Bewegung,
Volk, von Volk und Rasse, von Führung und Gefolg-
schaft. Das Bild umfaßt aber auch das Modernisie-
rungspotential des neuen Interesses der Verwaltungs-
rechtswissenschaft an staatlicher Daseinsvorsorge
durch Leistung und Planung und an den tatsächlichen
Abläufen in der Verwaltung und sogar das Aufscheinen
der Evidenz eines vereinigten europäischen Wirt-
schaftsraums in den nationalsozialistischen Konzeptio-
nen eines völkerrechtlichen Großraums Europa. Zum
Bild gehören weiter verschiedene Varianten des staats-
rechtswissenschaftlichen Sicheinstellens und Sichein-
lassens auf die neue Lage: neben dem Verstummen oder
der Beschäftigung mit abgelegenen, unverfänglichen
Themen die Systemkonformität verschiedener Qualität
und Intensität, getragen mal mehr von konservativer
Sehnsucht nach dem autoritären, dabei durchaus
rechtsstaatlich und sittlich gebundenen Staat, mal mehr
von vitalistischem Willen zu Macht, Rasse und Raum,
mal mehr von Opportunismus und Karrierestreben,
begleitet stets von einem in der Ablehnung der Weimarer Republik gewachsenen antiliberalen, antiegalitären,
antiparlamentarischen und antipositivistischen Affekt.
Zum Bild gehören schließlich der Niedergang von Institutionen, Foren und Publikationen staatsrechtswis-
senschaftlicher Forschung, der Niedergang der staats-
rechtswissenschaftlichen Lehre, der Niedergang der
Professoren- und Studentenzahlen.[2] An Staatsrechts-

---

2 Vgl. exemplarisch zur Juristischen Fakultät der Berliner Universität im
   Umbruch von 1933 A.-M. v. Lösch, *Der nackte Geist*, Tübingen 1999.

wissenschaft in der Tradition bürgerlicher Wissenschaft mit Anspruch auf Autonomie und an einer entsprechenden Juristenausbildung hatte der nationalsozialistische Staat kein Interesse; ihm ging es allein um die Einübung eines praktisch effizienten, politisch funktionalisierten Umgangs mit dem geltenden Recht.

Auch die Vereinigung der Deutschen Staatsrechtslehrer ist damals nieder- und untergegangen.[3] Zunächst war die Lage verwirrend, dann war der Umgang mit den jüdischen Kollegen heikel, dann waren die Mitglieder über die Zukunft der Vereinigung uneins, dann drohte die Übernahme durch eine nationalsozialistische Einrichtung – die Vereinigung entzog sich alledem und überstand es, indem sie die Tätigkeit einstellte. Gleichwohl löste der Vorsitzende des 1931 gewählten Vorstands die Vereinigung 1938 auf. 1949 wurde sie neu gegründet.

Seitdem gehören ihr fast alle Professoren und Privatdozenten an, die an den deutschen, österreichischen und deutschsprachigen schweizerischen Universitäten öffentliches Recht lehren. Nicht zur Aufnahme vorgeschlagen oder trotz Vorschlags nicht aufgenommen zu werden ist karriereschädigend, und zu einem Vortrag auf einer Jahrestagung aufgefordert zu werden und den Vortrag ordentlich zu halten karrierefördernd. Die Themen der Jahrestagungen, jeweils eines mit verfassungs- und eines mit verwaltungsrechtlicher Ausrichtung, spiegeln, was die Wissenschaft vom Öffentlichen Recht jeweils besonders beschäftigt hat; mal waren es mehr praktisch relevante oder politisch aktuelle, mal mehr dogmatische oder theoretische Themen. Sie spie-

3 Vgl. Stolleis (Fn. 1), S. 311 ff.

geln auch, was die Gesellschaft jeweils besonders beschäftigt hat; die Vereinigung hat sich den Themen des Tages nicht verweigert und z. B. 1969 über die Stellung der Studenten in der Universität, 1973 über die Stellung der Ausländer im Staat, 1979 über Verfassungstreue und über öffentlichen Dienst, 1990 über Deutschlands Verfassungslage nach dem Fall der Mauer und 1991 über die rechtsstaatliche Aufarbeitung der DDR-Vergangenheit beraten und auch das Zusammenwachsen Europas in ihren Beratungen immer wieder begleitet. Inhaltlich ist der Grundton der Vorträge eher auf das weite Panorama als auf die steile These, eher auf Bewahrung als auf Neuerung gestimmt, und im Ablauf der Vorträge und Aussprachen waltet ein strenges Ritual. Das entspricht der Gestimmtheit der deutschen Staatsrechtswissenschaft, und ohne Übertreibung läßt sich von der Vereinigung als der Gestalt gewordenen deutschen Staatsrechtswissenschaft sprechen.

II.

Im Band 60 der Veröffentlichung der Vereinigung der Deutschen Staatsrechtslehrer sind die beiden Vorträge und die Aussprache zur deutschen Staatsrechtslehre in der Zeit des Nationalsozialismus gedruckt.[4] So sorgfältig die Vorträge berichten und so überzeugend sie analysieren – das Faszinierende und Irritierende dieser Jahrestagung zeigt sich weniger in der Lektüre der Vorträge als in der Lektüre der Aussprache.

---

4 H. Dreier/W. Pauly, »Die deutsche Staatsrechtslehre in der Zeit des Nationalsozialismus«, VVDStRL 60, 2001, 9 bzw. 73, »Aussprache«, 106.

Daß den Vortragenden für ihre Ausführungen gedankt wird, gehört zum guten Ton jeder Aussprache. Bei der Aussprache am 4. Oktober 2000 hat der Dank eine besondere Färbung; er rühmt den Mut der Vortragenden, das Thema so offen und befreiend behandelt, und den Mut des Vorstands, das Thema überhaupt angesetzt zu haben.[5] Zwar wird einmal beklagt, daß die Vereinigung über Jahrzehnte nicht den Mut gehabt habe, sich dem Thema zu stellen.[6] Aber das Rühmen des Muts und der Dank für ihn überwiegen. Warum? Was war so mutig am Ansetzen eines Themas 55 Jahre post festum und lange nachdem die Nachbarwissenschaften entsprechende Themen angesetzt haben? Am Präsentieren eines Bilds, das weder neu noch provokativ noch kontrovers ist?

Gerühmt wird nicht nur der Mut des Vorstands und der Vortragenden. Gerühmt wird auch, daß die Vortragenden nach der Rolle der deutschen Staatsrechtslehre nicht moralisch, daß sie nicht nach der Schuld der deutschen Staatsrechtslehrer in der Zeit des Nationalsozialismus gefragt haben.[7] Auch dieses Rühmen irritiert. Die moralische Frage ist die Frage danach, welches Verhalten richtig und welches falsch ist, und die Frage nach Schuld ist die Frage nach dem Bestehen und Verfehlen von Verantwortung. Gilt der Zeit des Nationalsozialismus das besondere Interesse nicht ebendarum, weil in ihr Fragen nach richtigem und falschem Verhalten in einer Weise zugespitzt worden sind, die auch für unsere

---

5 E.-W. Böckenförde, »Aussprache«, 124; H. Hohmann, »Aussprache«, 133f.; M. Stolleis, »Aussprache«, 108; H. F. Zacher, »Aussprache«, 131f.
6 H.-W. Bayer, »Aussprache«, 123f.
7 Böckenförde (Fn. 5), 124f.; Stolleis (Fn. 5), 108f.

weniger schwierige Zeit erhellend ist? Kommen nicht auch die Fragen nach dem *proprium* der Staatsrechtswissenschaft und nach Aufgabe und Verantwortung der Staatsrechtswissenschaftler in der Zeit des Nationalsozialismus in erhellender, für die heutige Selbstbefragung und -vergewisserung relevanter Weise zum Schwur? Das Rühmen der Vermeidung der moralischen und der Schuldfrage ist um so irritierender, als z. T. sogar von den Rühmenden selbst gegen die Vernachlässigung der Frage der Verantwortung und dafür gesprochen wird, den Blick von den damaligen auf die heutigen Gefährdungen der Rechtskultur, die nicht verraten werden darf, sondern bewahrt werden muß, zu lenken.[8] Auf welchem schmalen Grat zwischen einerseits Schuld- und andererseits Verantwortungsfrage, einerseits moralischer und andererseits rechtskultureller Verpflichtung wird hier argumentiert?

Vollends irritierend wird die Argumentation gegen das Stellen der moralischen und der Schuldfrage angesichts des *cantus firmus* der Aussprache. In den Vorträgen bereits thematisiert, geht er dahin, daß es in der Zeit des Nationalsozialismus eigentlich keine deutsche Staatsrechtslehre gab. Staatsrechtslehre setze als notwendiges Substrat rechtlich gebundene Staatlichkeit voraus, und da es damals eine rechtlich gebundene Staatlichkeit nicht gegeben habe, habe es auch keine Staatsrechtslehre gegeben.[9] Stimmt das, dann hat es damals eigentlich auch keine deutschen Staatsrechtsleh-

---

8　Böckenförde (Fn. 5), 126; Stolleis (Fn. 5), 108.
9　U. Battis, »Aussprache«, 117; Dreier (Fn. 3), 59ff.; E. Klein, »Aussprache«, 128; J. Lege, »Aussprache«, 136; O. Lepsius, »Aussprache«, 134; Pauly (Fn. 3), 74f., 101; H. Schiedermaier, »Aussprache«, 119; C. Tomuschat, »Aussprache«, 112.

rer gegeben, denn wie soll es Staatsrechtslehrer ohne Staatsrechtslehre geben können? Dann fallen für die Beurteilung dessen, was damals unter dem falschen Etikett der Staatsrechtslehre von sich fälschlich so nennenden Staatsrechtslehrern getrieben wurde, rechtliche und rechtswissenschaftliche Maßstäbe aus und bleiben nur moralische. Oder soll nicht beurteilt, sondern nur historiographisch verzeichnet werden, was damals geschah? Aber wenn das der Fall ist – warum braucht man dafür über 50 Jahre und besonderen Mut?

III.

Die Ungereimtheiten der Aussprache lösen sich im Blick auf das Vorzeichen auf, unter dem die Rechtswissenschaft der Bundesrepublik Deutschland angetreten ist und mit der Rechtswissenschaft in der Zeit des Nationalsozialismus umzugehen gelernt hat. Von Anfang an steht der Umgang zugleich im Zeichen des Bruchs und im Zeichen der Kontinuität mit der damaligen Rechtswissenschaft: im Zeichen des Bruchs, was die Inhalte, und im Zeichen der Kontinuität, was die Personen angeht.[10] Ob Positivismuskritik und Naturrechtsrenaissance in den fünfziger Jahren,[11] Kri-

10 Vgl. B. v. Bülow, *Die Staatsrechtslehre der Nachkriegszeit*, Berlin 1996, S. 187 f.; M. Stolleis, »Die Vereinigung der Deutschen Staatsrechtslehrer«, KritV 1997, 339 (346 ff.).
11 Die repräsentativen Texte aus den fünfziger Jahren finden sich bei W. Maihofer (Hg.), *Naturrecht oder Rechtspositivismus?*, Darmstadt 1962; vgl. auch K. Kühl, »Rückblick auf die Renaissance des Naturrechts nach dem 2. Weltkrieg«, in: G. Köbler/M. Heinze/J. Schapp (Hg.), *Geschichtliche Rechtswissenschaft: Ars Tradendo Innovandoque Aequitatem Sectandi. Freundesgabe Alfred Söllner zum 60. Geburtstag am 5. 2. 1990*, Gießen 1990, S. 331.

tik an der unbegrenzten Auslegung in den Sechzigern,[12] Entdeckung der Affinität von Positivismus zu Demokratie und Rechtsstaat in den Achtzigern,[13] Beschwörung der Erfahrungen mit dem nationalsozialistischen Unrechtsregime in der Grundrechtsrechtsprechung des Bundesverfassungsgerichts[14] – daß mit den nationalsozialistischen Inhalten des Rechts und der Rechtswissenschaft zu brechen sei, war und ist in der Rechtswissenschaft in Deutschland Konsens. Zugleich hatten die meisten Rechtswissenschaftler, die in den fünfziger und sechziger und bis in die siebziger Jahre lehrten, ihre wissenschaftlichen Karrieren in der Zeit des Nationalsozialismus begonnen und gefördert, sie hatten sich damals entsprechend engagiert und geäußert.

Eine Möglichkeit, diesem doppelten Vorzeichen von inhaltlichem Bruch und personeller Kontinuität gerecht zu werden, wäre die Integration des Bruchs in das Selbstverständnis und die Selbstdarstellung der Personen gewesen; diese hätten sich als gewandelt und geläutert verstehen und darstellen können. Aber es war mehr eine theoretische als eine praktische und praktizierte Möglichkeit. Geirrt und gefehlt zu haben, schuldig zu

---

12 B. Rüthers, *Die unbegrenzte Auslegung*, Tübingen 1968; M. Stolleis, *Gemeinwohlformeln im nationalsozialistischen Recht*, Berlin 1974; vgl. auch O. Lepsius, *Die gegensatzaufhebende Begriffsbildung*, München 1994.

13 Vgl. N. Achterberg, »Rechtsnorm und Rechtsverhältnis in demokratietheoretischer Sicht«, in: W. Krawietz/E. Topitsch/P. Koller (Hg.), *Ideologiekritik und Demokratietheorie bei Hans Kelsen*, Berlin 1982, S. 133 (134 f., 147); D. Grimm, »Zum Verhältnis von Interpretationslehre, Verfassungsgerichtsbarkeit und Demokratieprinzip bei Kelsen«, ebd., S. 149; H. Dreier, *Rechtslehre, Staatssoziologie und Demokratietheorie bei Hans Kelsen*, Baden-Baden 1986, S. 278 ff.

14 Exemplarisch BVerfGE 5, 85 (138); 67, 213 (224); 80, 244 (253).

sein, des Verständnisses oder sogar der Vergebung zu
bedürfen, neu anfangen zu müssen – damit tut niemand
sich leicht und tun beamtete Juristen, ob in Justiz, Verwaltung oder Wissenschaft, sich besonders schwer. Ihr
Selbstbild ist das des Wächters und Bewahrers des
Rechts, des unpolitischen Dieners an der Sache, des den
Tugenden der Unabhängigkeit, Selbständigkeit und
Pflichttreue verpflichteten Amtswalters.[15] Mit diesem
Image ist vereinbar, daß man aus Erfahrung lernt, auch
aus schlimmer und schwerer Erfahrung, und dadurch
an Einsicht wächst, nicht aber, daß man das Recht ver-
rät, der Politik verfällt und die Verpflichtungen auf die
Tugenden des beamteten Juristen aufkündigt. Den
Bruch in das Selbstverständnis und die Selbstdarstel-
lung zu integrieren hätte das tradierte, geschätzte, ge-
pflegte Selbstbild zerstört.

Die andere, praktische und praktizierte Möglichkeit,
dem doppelten Vorzeichen gerecht zu werden, bestand
darin, die Zeit des Nationalsozialismus als Zeit der Verstrickung oder Zeit des Verhängnisses zu tradieren, d. h.
als eine dunkle Zeit, unter deren furchtbarer Wucht die
Personen nicht mehr Handelnde, sondern Verein-
nahmte und Mißbrauchte waren.[16] Eigentlich, innerlich
seien sie ihrem Selbstbild treu geblieben, es auch äußer-
lich zu bewahren und zu betätigen, hätte die furchtbare
Wucht der dunklen Zeit nicht oder nur beschränkt oder

---

15 Vgl. besonders H. Treiber, »Juristische Lebensläufe«, KJ 1979, 22; ferner A. Görlitz, *Verwaltungsgerichtsbarkeit in Deutschland*, Neuwied/
Berlin 1970, S. 245 f.; W. O. Weyrauch, *Zum Gesellschaftsbild des Juristen. Eine vergleichende Studie über die subjektiven Faktoren im
Recht*, Neuwied/Berlin 1970, S. 319 f.; historisch R. Ogorek, *Richter-
könig oder Subsumtionsautomat?*, Frankfurt/M. 1986, S. 280 ff.

16 Vgl. Treiber (Fn. 15), 36 ff.

nur versteckt zugelassen. Sie hätten aber mit ihren Verherrlichungen absoluter, totaler Machtentfaltung nur den Staat gegen die Partei stark machen und mit ihren rechtlichen Verbrämungen von Machtwildwuchs und -willkür nur die Macht in die Gestalt des Rechts zwingen und dadurch zähmen wollen. Schlimmstenfalls seien sie anfangs von der Begeisterung des Aufbruchs angesteckt oder eine Weile in die Veranstaltungen der Machthaber verstrickt gewesen. Die Würdigungen aus Anlaß von Geburtstagen, Todestagen, Fest- und Gedächtnisschriften repetieren diese Strategie immer wieder.[17]

Sie wurde so selbstverständlich, daß sie nicht mit- und nachzuvollziehen als Taktlosigkeit empfunden wurde. Ich erinnere mich an ein Seminar zu Staatsrecht und Staatsrechtswissenschaft in der Weimarer Republik, das mein Lehrer Ernst-Wolfgang Böckenförde in

17 Vgl. Treiber (Fn. 15); H. Renk/M. Sudhof, »Herzlichen Glückwunsch«, KJ 1988, 448; daneben und seitdem u. a. H. H. Klein, »Zum 10. Todestag von Ernst Forsthoff«, DÖV 1984, 675 (»[...] für eine kurze, aber desto verhängnisvollere Zeitspanne ein Opfer dieser Gefahr [Gefahr zunehmender Orientierungslosigkeit] geworden [...]«); P. Lerche, »Theodor Maunz †«, AÖR 1994, 156 (»[...] daß er erleben mußte, wie seine seinerzeitigen Darstellungen der Rechtsordnung der NS-Zeit [...] zu seinem Sturz aus dem Amt führten [...]«); R. Mußgnug, »Nachruf Ernst Rudolf Huber«, DÖV 1991, 243 (»[...] in seinen jungen Jahren auch in ihre [der deutschen Geschichte] Verstrickungen geraten [...]«); T. Oppermann, »Herbert Krüger 1905-1989«, AÖR 1990, 310 (»[...] ließ sich Krüger wohl wie manch anderer seiner Generation zeitweilig von blendenden Fassadenaspekten des Nationalsozialismus und seiner scheinbaren Erfüllung alter nationaler Forderungen verführen [...] jene schwierige und düstere Zeit [...]«); ders., »Hans Peter Ipsen †«, JZ 1998, 450 (»[...] mußte Ipsen zu Beginn der beruflichen Laufbahn mit den Zeitverhältnissen zurechtkommen [...]«); W. v. Simson, »Ernst Rudolf Huber †«, NJW 1991, 893 (»[...] so gelang es ihm [Hitler] auch, die in der Leere verlorenen Guten, Hoffenden mit dem Trugbild einer besseren, höheren, geschichtlich zum Größten fähigen Welt zu verführen [...]«); vgl. ferner B. Rüthers, »Geschönte Geschichte – geschönte Biographien«, NJW 2000, 2402.

den siebziger Jahren in Freiburg veranstaltete und zu
deren den letzten Jahren der Weimarer Republik ge-
widmeter Sitzung er Ernst Rudolf Huber einlud, und
daran, wie ein Student den Gast sehr direkt danach
fragte, wie er zu dem stehe, was er vor und nach 1933
geschrieben hatte, und Zitate präsentierte. Es waren
nicht nur Huber indigniert und Böckenförde betreten,
wir Seminarteilnehmer waren alle peinlich berührt wie
von einer Taktlosigkeit. Zwar hatten sich viele von uns
mit der Staatsrechtswissenschaft in der Zeit des Nationalsozialismus engagiert beschäftigt und wußten, wer
Huber war und was er geschrieben hatte. Aber da war
es um die Inhalte gegangen und nicht um die Person.
Die saß nun vor uns: ein alter Herr, offensichtlich ein
Gelehrter, bei seinen Antworten auf unsere Fragen ge-
messen und freundlich. Wir waren nur studentische
und assistentische Seminarteilnehmer, nicht Hubers
Doktoranden noch Habilitanden, nicht einmal seine
Studenten und Assistenten. Wie muß die Taktgrenze
erst da gewirkt, gehemmt bzw. geschützt haben, wo ein
persönliches wissenschaftliches Verhältnis bestand!

Diesem Wirken der Taktgrenze verdanken die Vortragenden, daß sie in der Aussprache der Jahrestagung
der Vereinigung der Deutschen Staatsrechtslehrer gerühmt wurden, nicht die moralische und die Schuldfrage gestellt zu haben. Die moralische und die Schuldfrage geht *ad personam*, und *ad personam* zu argumentieren wäre taktlos gewesen. Über Verantwortung, über
Rechtskultur und deren Gefährdung konnte dagegen
ad rem argumentiert werden. Die Vortragenden hatten
sich gekonnt auf dem schmalen Grat zwischen Verurteilung der Inhalte und Schonung der Personen bewegt

und das doppelte Vorzeichen von inhaltlichem Bruch und personeller Kontinuität nicht gefährdet.

Darum wurden sie und der Vorstand auch für ihren Mut gerühmt. Der schmale Grat, der zugleich die Taktgrenze markiert, hätte verfehlt werden können. Die Vereinigung der Deutschen Staatsrechtslehrer, weniger eine Kathedrale der Wissenschaft als ein von vielen persönlichen Beziehungsseilen und -netzen durchwirkter Marktplatz der Wissenschaftler, verträgt Taktlosigkeiten nicht besser als das erwähnte Seminar. Daß die meisten deutschen Staatsrechtslehrer aus der Zeit des Nationalsozialismus inzwischen gestorben sind, hätte die Vortragenden in die Versuchung führen können, ad personam keine Rücksicht zu nehmen. Sie hätten verkennen können, daß die Taktgrenze mit dem Tod nicht zu wirken aufhört, sondern so lange weiterwirkt, als die Toten noch als Personen erinnert werden. Sie hätten aber umgekehrt aus Rücksicht auf die Kontinuität der Personen den Bruch in den Inhalten zu undeutlich darstellen können. Dies alles war das Mut erfordernde Risiko.

Die Aussprache hat für die Versöhnung von inhaltlichem Bruch und personeller Kontinuität das Bild von der Zeit der Verstrickung oder Zeit des Verhängnisses, von den dunklen Jahren kaum noch verwendet. Zum einen hat das Bild sich bis zur Lächerlichkeit abgenutzt, zum anderen hat es eine plausibel klingende Nachfolge gefunden. Von einer dunklen Zeit für die deutsche Staatsrechtslehre wird die Zeit des Nationalsozialismus zu einer Nichtzeit, zu einer Zeit, in der es mangels rechtlich gebundener Staatlichkeit keine Staatsrechtslehre gab. Gab es keine Staatsrechtslehre, dann hatten die Staatsrechtslehrer gewissermaßen Auszeit, für einige war es eine Zeit der Beschäftigung mit abgelegenen Themen, für andere eine Zeit der Verirrung. Auch so sind inhaltlicher Bruch und personelle Kontinuität miteinander versöhnt; die Kontinuität wird zur Staatsrechtslehre und den Staatsrechtslehrern gewahrt, soweit es diese überhaupt gab, der Bruch, der die Zeit des Nationalsozialismus zur Nichtzeit der Staatsrechtslehre und Auszeit der Staatsrechtslehrer erklärt, ist zugleich von der äußersten Schroffheit.

Allerdings ist das Bild von der Nicht- oder Auszeit nicht plausibler als sein Vorgänger. Denn in der deutschen Tradition hat die rechtliche Beschäftigung mit dem Staat dessen rechtliche Bindungen und Begrenzungen gerade nicht vorausgesetzt, sondern konstruiert. Sie mußte sie konstruieren, weil in Deutschland historisch und theoretisch der Staat der Verfassung und ihren rechtlichen Bindungen und Begrenzungen vorausging.[18] Erst unter dem Grundgesetz wurde der Staat als durch die Verfassung konstituiert, als nur in ihren rechtlichen Bindungen und Begrenzungen existierend verstanden. Erst unter dem grundgesetzlichen Staats- und Verfassungsverständnis und in dessen Rückprojektion be-

18 Vgl. G. Jellinek, *Allgemeine Staatslehre*, Berlin ³1922, S. 364ff.; A. Köttgen, »Nation und Staat«, *Blätter für deutsche Philosophie* 1931, S. 190, 194ff.; C. Schmitt, *Verfassungslehre*, Berlin 1928, S. 4ff.; zum Staat als Verfassungsvoraussetzung später auch E.-W. Böckenförde, »Begriffe und Probleme des Verfassungsstaats«, in: ders., *Staat, Nation, Europa*, Frankfurt/M. 1999, S. 127, 135ff.; C. Möllers, *Staat als Argument*, München 2000, S. 256ff.; J. Isensee, »Staat und Verfassung«, in: ders./P. Kirchhof (Hg.), *Handbuch des Staatsrechts*, 1. Bd., Heidelberg 1987, § 13 Rn. 8; H. Krüger, »Verfassungsvoraussetzungen und Verfassungserwartungen«, in: H. Ehmke u. a. (Hg.), *Festschrift für Ulrich Scheuner zum 70. Geburtstag*, Berlin 1973, S. 285 (293ff.).

kommt das Bild von der Nicht- oder Auszeit der Staatsrechtslehre und -lehrer eine scheinbare Plausibilität.

Gelegentlich wurde in der Aussprache gefragt, wie die Widerstandsfähigkeit heutiger Juristen gegen Verstrickungen und Verirrungen zu stärken sei, und die Beschäftigung mit Rechtsgeschichte und Rechtsphilosophie empfohlen.[19] Oder es wurde nach den heutigen Gefährdungen der Rechtskultur gefragt, dunkel geantwortet, jeder könne sie benennen, und nichts empfohlen.[20] Oder es wurde vor Instrumentalisierungen des Rechts und dem Verzicht auf die normative Grundlegung der Werte, von denen Staatsrecht und Staatsrechtslehre lebten, gewarnt.[21] In alledem blieb die Zeit des Nationalsozialismus Nichtzeit der Staatsrechtslehre und Staatsrechtslehrer. Nur einmal wurde davon geredet, in mancher Weise führten wir das damalige Denken fort, oft ohne es zu wissen und zu wollen,[22] und einmal wurden auch die damalige Rolle der Staatsrechtslehre und -lehrer und deren heutige Rolle als Hofberichterstattung des Bundesverfassungsgerichts miteinander in Verbindung gesetzt und gefragt, welche maßstäbliche Wirkung, prospektive Kraft und Gestaltungsmacht Staatsrechtslehrer überhaupt haben.[23]

19 R. Gröschner, »Aussprache«, 113.
20 Böckenförde (Fn. 5), 126.
21 H.-U. Gallwas, »Aussprache«, 127; Hohmann (Fn. 5), 134; Lege (Fn. 9), 137.
22 M. Bullinger, »Aussprache«, 123.
23 G. F. Schuppert, »Aussprache«, 114f.

IV.

Ist das gelungene Historisierung? Was die beiden Vorträge dargelegt haben, stimmt historisch, und die Aussprache hat neben dem, was ich bisher von ihr berichtet habe, manches durchaus interessante, historisch ebenfalls stimmende Detail zutage gefördert. Die Zeiten, in denen das Reden über die deutsche Staatsrechtslehre in der Zeit des deutschen Nationalsozialismus tabuisiert war,[24] sind lange vorbei; alles kann heute gelesen, alles kann geforscht, alles geschrieben werden. Daß zugleich eine Taktgrenze besteht und beachtet wird – was sollte dagegen zu sagen sein.

Am Ende jeder Traumatisierung durch Vergangenheit und Bewältigung von Vergangenheit steht die Historisierung. Wenn die historische Arbeit ihre Befunde verläßlich erhebt und ihre Analysen kritisierbar präsentiert, handelt es sich um eine gelungene Historisierung. Ist, da die Ergebnisse der historischen Bearbeitung der deutschen Staatsrechtslehre in der Zeit des Nationalsozialismus inzwischen in aller Breite und Tiefe verläßlich erhoben und kritisierbar präsentiert werden, die Traumatisierung durch die Zeit des Nationalsozialismus, ist deren Bewältigung in der Staatsrechtswissenschaft zu einem gelungenen Ende gekommen?

Vielleicht ist die deutsche Staatsrechtswissenschaft mit ihrer nationalsozialistischen Vergangenheit tatsäch-

---

24 Zu den Erinnerungen an mein Studium in Heidelberg in den sechziger Jahren gehört im Juristischen Seminar der sog. Giftschrank, in dem rechtswissenschaftliche Literatur aus den Jahren 1933-1945 weggeschlossen war und aus dem sie nur mit besonderer Genehmigung eines Professors herausgegeben wurde.

lich fertig. Dann ist das ein wichtiges Indiz dafür, daß die auf Alexander und Margarete Mitscherlich zurück-gehende[25] und zuletzt von Gesine Schwan aufgegriffe-ne[26] These von der Notwendigkeit des Trauerns beim Umgang mit traumatischer Vergangenheit falsch ist. Denn um ihre traumatische Vergangenheit getrauert hat die deutsche Staatsrechtslehre gewiß nicht, kaum, daß sie sie als traumatisch empfunden hat. Wenn anderer-seits die These stimmt, dann muß das Versäumen des Trauerns einen Preis gefordert haben. Schwan schreibt dem Versäumen des Trauerns um die Vergangenheit, indem diese verdrängt wird, selbst wenn sie erinnert wird, geradezu eine zerstörerische Macht zu. Hat die deutsche Staatsrechtslehre den Preis einer Selbstzerstö-rung gezahlt? Und hat die Staatsrechtswissenschafts-geschichte mit dem Überspringen des Trauerns eine Chance verspielt?

Beim erneuten Lesen des Buchs von Mitscherlich fällt dessen Vorsichtigkeit auf. Nicht daß seine Betrach-tungen, seine Einsichten und seine Sprache überholt wirkten; die Feststellung des Buchs, die meisten Deut-schen erlebten die Zeit des Nationalsozialismus retro-spektiv wie eine Infektionskrankheit,[27] klingt ange-sichts der Bemerkung vom Nationalsozialismus als einer Art HIV-Infektion des Rechts in der Aussprache der Jahrestagung[28] aktuell wie eh und je. Aber die These des Buchs ist weniger schneidig als der Umstand, daß sein Titel sprichwörtlich geworden ist, vermuten läßt.

25 A. und M. Mitscherlich, *Die Unfähigkeit zu trauern*, München [15]1998.
26 G. Schwan, *Politik und Schuld*, Frankfurt/M. 1997.
27 Mitscherlich (Fn. 25), S. 58.
28 B.-C. Funk, »Aussprache«, 133.

Die These ist nicht einfach, daß man hätte erinnern und trauern können und müssen. Vielmehr erscheinen De-realisierung und Entemotionalisierung der Nazivergangenheit als Alternative zu kollektiver Depression. Sich der Realität dessen, was in der Nazivergangenheit geschehen ist, was man in ihr gemacht oder nicht gemacht hat und was die anderen zu leiden hatten, emotional zu stellen, hätte einen zutiefst deprimierenden Verlust des Selbstwerts bedeutet. Er wurde durch Verdrängung vermieden, wobei die manische Arbeit an Wiederaufbau und Wirtschaftswachstum half. Das Buch spricht von einem Notstand, in dem nur mehr biologisch angelegter Selbstschutz half: »Die Zeit heilt nicht nur die Wunden, sie läßt auch die Täter sterben.«[29]

Die Frage, ob es überhaupt eine Möglichkeit zum Trauern gab und noch gibt, stellen und bejahen Alexander und Margarete Mitscherlich ebenfalls nur vorsichtig. Vorsichtig, weil sie die Unfähigkeit zu trauern, tief in der Art der Deutschen, ihre Ideale und deren Inkarnationen zu lieben, wurzeln sehen und weil Trauer eine Nüchternheit gegenüber sich selbst, eine Anerkennung des anderen und eine Einfühlung in ihn voraussetzt, die alles andere als leicht fallen. Vielleicht habe der Preis, den der Ausfall der Trauer und des Mitgefühls hat, eben gezahlt werden müssen: psychischer Immobilismus, Insistieren auf Rechtspositionen und -ansprüchen, wo es um Rechtliches eigentlich nicht gehe, Blindheit gegenüber den wahren Problemen der Gesellschaft und Unfähigkeit, sie kreativ zu lösen. Dabei müsse eine kreative Lösung der Probleme unserer Gesellschaft ihre

29 Mitscherlich (Fn. 25), S. 58.

Grundlage in einer Moral der einfühlenden Voraussicht haben und statt auf die Schlüssigkeit von rechtlichen Konstruktionen auf die Einfühlung in die Erinnerungen und Empfindungen der jeweils anderen setzen.[30] Schwan ist in der Beschreibung des Preises, den das Verschweigen, Verleugnen und Verdrängen hat, detaillierter, ohne freilich präziser zu sein. Auch sie vermißt den einfühlenden Umgang miteinander in Familie und Gesellschaft, unter den Bürgern, zwischen den Generationen, gegenüber Ausländern und sieht daraus Gefahren für Demokratie und Liberalität wachsen.

Stimmt das? Und stimmt es für die Staatsrechtswissenschaft? Wir werden es nie wissen – nicht für die Staatsrechtswissenschaft und nicht für die Gesellschaft der Bundesrepublik Deutschland. Was gewesen wäre, wenn getrauert worden wäre – es läßt sich nur mutmaßen. Sogar wie das Trauern ausgesehen und was es eingeschlossen hätte, läßt sich lediglich vermuten. Eine Seminarsitzung, bei der Huber nicht indigniert gewesen wäre, sondern die Frage des Studenten ernst genommen und ehrlich beantwortet hätte? Bei der Böckenförde und wir Teilnehmer nicht betreten gewesen wären, sondern freundlich auf der Beantwortung insistiert hätten? Eine Staatsrechtslehrertagung, bei der die Bedeutung der nationalsozialistischen Vergangenheit der Staatsrechtswissenschaft für deren Gegenwart das Thema gewesen wäre? Bei der über die Verantwortung der Staatsrechtswissenschaftler als akademische Forscher und Lehrer, als Gutachter, Prozeßvertreter und Politikberater vor dem Hintergrund dieser Vergangenheit und ih-

30 Ebd., S. 158 ff.

res Hineinragens in die Gegenwart[31] diskutiert worden
wäre? Staatsrechtswissenschaftliche Arbeiten, die die
kultur- und mentalitätsgeschichtliche Dimension stärker in die Geschichte der Staatsrechtslehre und Biogra-
phik der Staatsrechtslehrer einbeziehen? Die auch nach
den Traditions- und Kontinuitätslinien im Selbstverständnis und der Selbstdarstellung der Staatsrechtslehrer fragen?

Und wenn getrauert worden wäre – wäre unser Bun-
desverfassungsgerichtspositivismus nicht so herme-
tisch, sondern im Umgang mit den Entscheidungen des
Bundesverfassungsgerichts, der Zufälligkeit ihrer Qualität entsprechend, spielerischer? Würden wir neuen
politischen und rechtlichen Entwicklungen mehr vor-
aus- statt hinterherdenken? Würden wir wissenschaft-
lich Neues wie die Feministische Rechtswissenschaft
nicht als Bedrohung verstehen, die lächerlich gemacht
und abgewehrt werden muß, sondern neugierig will-
kommen heißen? Wären wir der Rechtswissenschaft
und den Rechtswissenschaftlern der DDR einfühlsa-
mer begegnet? Würden unsere Begegnungen miteinander weniger nach einem Ritual ablaufen, das nicht unsere japanischen, aber unsere amerikanischen Kollegen
mit spöttischer Verwunderung wahrnehmen, die zu äu-
ßern sie nur zu höflich sind? Wären unsere Staats-
rechtslehrertagungen offene, lebendige, emotionale,
manchmal vielleicht sogar heitere Ereignisse, immerhin
so offen, lebendig und emotional wie in der Weimarer
Republik? Würde es keinen besonderen Mut mehr er-

---

31 Vgl. zu einem möglichen Anlaß hierfür M. Stolleis, »Theodor Maunz
– ein Staatsrechtslehrerleben«, in: ders., *Recht im Unrecht*, Frankfurt/
M. 1994, S. 306.

fordern, die Staatsrechtswissenschaft in der Zeit des Nationalsozialismus als Thema anzusetzen und zu behandeln?

V.

Auch wenn es für die gestellten Fragen keine verläßlichen Antworten gibt, zeigen sie doch Möglichkeiten an, die nicht gesehen, nicht ergriffen, nicht verwirklicht wurden. Und sie machen traurig – die zweite Trauer zur zweiten Schuld des Verpassens der Möglichkeiten.

Hätten die Möglichkeiten ergriffen werden können? Natürlich ist das intellektuelle und soziale Klima der deutschen Staatsrechtswissenschaft nicht das gleiche wie am Ende der Weimarer Republik, in der Zeit des Nationalsozialismus und zu Beginn der Bundesrepublik Deutschland. Aber die Veränderungen verdanken sich mehr der veränderten ökonomischen Situation der Professoren, den gewachsenen Studentenzahlen, den neuen Aufgaben der Universität und der anderen Gestalt der Gesellschaft als inneren Prozessen. Das frühere intellektuelle und soziale Klima wurde nie als etwas wahrgenommen, von dem man sich abzusetzen, über das man sich hinauszuentwickeln, angesichts dessen man nach neuen Möglichkeiten zu suchen hätte.

Am Ende stimmt wohl beides. Die deutsche Staatsrechtswissenschaft ist mit ihrer nationalsozialistischen Vergangenheit fertig, ohne daß sie getrauert hätte – weder in den fünfziger und sechziger Jahren, für die selbst Alexander und Margarete Mitscherlich die Möglichkeit des Trauerns skeptisch einschätzen, noch in den weniger unter der Bedrohung kollektiver Depression stehenden siebziger und späteren Jahren. Sie hat für das Versäumen des Trauerns auch keinen selbstzerstörerischen Preis gezahlt. Die Historisierung ohne Trauer hat keine schwärenden Wunden oder quälenden Leiden hinterlassen, allenfalls eine schleichende Krankheit. Sie hat Veränderungschancen gekostet, die zu ergreifen allerdings seinerseits einen Preis gefordert hätte, den gesellschaftliche Gebilde nur schwer zahlen. Sie brechen mit ihren Traditionen und Kontinuitäten, wenn die Umstände sie dazu nötigen, handele es sich bei den Gebilden um die Gesellschaft als ganze oder um die Gesellschaft der Staatsrechtslehrer. Ohne Nötigung durch die Umstände leben sie in ihren Traditionen und Kontinuitäten fort.

Epilog:
Die Gegenwart der Vergangenheit

I.

In den nächsten Jahren wird meine Generation 60. Wir wurden in den letzten Kriegs- und ersten Nachkriegsjahren geboren und sind mit der Bundesrepublik aufgewachsen. Wir genossen die heile Welt der fünfziger Jahre, wurden ihrer überdrüssig und begehrten gegen sie auf. In den Sechzigern wurden wir politisch, in den Siebzigern traten wir ins Berufs- und Arbeitsleben ein, in den Achtzigern machten wir Karriere, und seit den Neunzigern haben wir in Politik und Regierung, Wirtschaft, Bildung und Medien die maßgeblichen Positionen inne. Noch ein paar Jahre, dann wird unser Stern wieder sinken.

Wir werden an unseren Geburtstagen Reden darüber halten, was wir gewollt und gemacht haben. Die meisten Reden werden auf die Vergangenheit des Dritten Reichs und des Holocaust zu sprechen kommen.

Wenn wir in Wissenschaft und Schule, Kultur und Medien tätig sind, war die Vergangenheit früher oder später einmal unser Thema, oder sie ist es noch; wenn wir in Politik, Verwaltung und Rechtsprechung arbei-

Dieser Beitrag erschien zuerst unter dem Titel »Auf dem Eis. Von der Notwendigkeit und Gefahr der Beschäftigung mit dem Dritten Reich und dem Holocaust« in: *Der Spiegel*, Heft 19, 2001, S. 82-86.

ten, hat sie unser Verständnis von Freiheit, Gleichheit und gerechter Ordnung geschärft; wer in der Wirtschaft oder in den freien Berufen über deren Verantwortung nachdenkt, denkt auch über ihre Verstrickung ins Dritte Reich und den Holocaust nach.

Für die meisten von uns war die Vergangenheit des Dritten Reichs und des Holocaust prägend. Sie stand im Zentrum unserer Auseinandersetzung mit den Eltern und unserer Absetzung von ihnen; unter ihrem Schatten gewann unser Bild der deutschen Geschichte seine Gestalt; auf sie im Ausland als Deutsche angesprochen, erfuhren wir uns als Deutsche. Die Beschäftigung mit ihr wurde, ob sie in unserer Arbeit eine kleinere oder größere Rolle spielte und spielt, Bestandteil unserer Selbstwahrnehmung und -darstellung.

Das ist der aktuelle Grund für die Gegenwart der Vergangenheit. Nach einer Generation, in der gerade die Opfer und Täter Scheu hatten, von der Vergangenheit zu reden, ist meine Generation tonangebend geworden, für die das Reden über die Vergangenheit selbstverständlich geworden ist. Indem unsere Erfahrungen, Vorstellungen und Themen Mainstream sind, ist es auch die Vergangenheit, die uns geprägt hat und weiter beschäftigt.

Das ist nicht ohne Gefahr. Als Drittes Reich und Holocaust in den sechziger Jahren thematisiert wurden, mußte das Thema gegen Widerstände durchgesetzt und behauptet werden. Um die Widerstände des Vergessen- und Verdrängenwollens zu brechen, mußte auf dem Thema insistiert werden, wieder und wieder. Aber das Insistieren, das meine Generation damals mit rebellischem Stolz und nicht ohne moralische Kraft eingeübt hat, hat sie auch dann noch beibehalten, als es seine Funktion verloren hatte. Als niemand mehr überzeugt werden mußte, daß die Vergangenheit nicht vergessen und verdrängt werden darf. Als es keiner Kraft mehr bedurfte und zu keinem Stolz mehr berechtigte, die Vergangenheit zu thematisieren.

Das Ergebnis ist eine gewisse Banalisierung. Noch ein Gedenkereignis und eine Gedenkstätte, noch eine Tagung, ein Buch, ein Artikel gegen das Vergessen und Verdrängen, Vergleiche von Kosovo mit Auschwitz, Saddam Hussein mit Hitler, Mauerschützen mit KZ-Mördern, heutiger Fremden- mit damaliger Judenfeindlichkeit – dieses Erbe des damals notwendigen Insistierens verspielt die Vergangenheit in kleiner Münze.

Bei der nächsten Generation trägt das fatale Früchte. Der Überdruß gegenüber der Vergangenheit von Drittem Reich und Holocaust, den die nächste Generation oft zeigt, hat seinen Grund in der banalisierenden Häufigkeit, mit der sie der Vergangenheit in Schule und Medien begegnet. Ebenso hat der leichtfertige bis zynische Ton, in dem die nächste Generation manchmal über die Vergangenheit redet, seinen Grund in dem moralischen Pathos, mit dem meine Generation die Vergangenheit in Bezug nimmt und zum Vergleich heranzieht, ohne daß die Bezüge und Vergleiche ein entsprechendes moralisches Gewicht hätten.

Nicht, daß keine Vergleiche gezogen werden dürften. Die These von der unvergleichbaren Einmaligkeit des Holocaust ist ähnlich fatal wie die kleine Münze der banalisierenden Vergleiche. Was einmalig, unvergleichbar und vergangen ist, engagiert uns bei hinreichendem historischem Abstand nicht mehr, und das moralische Pathos, mit dem gleichwohl darüber geredet wird, geht ins Leere. Moralisches Pathos, das nicht in moralischem Engagement existentiell eingelöst wird, stimmt nicht, und die nächste Generation hat dafür durchaus ein Gespür.

II.

Das zugleich historisch Einmalige und bleibend Beunruhigende des Holocaust und des Dritten Reichs ist, daß unser Land mit seinem kulturellen Erbe, auf seinem zivilisatorischen Stand zu derartigen Furchtbarkeiten fähig war. Es fordert zu vergleichenden Fragen heraus: Wenn damals das Eis, auf dem man sich kulturell und zivilisatorisch sicher wähnte, in Wahrheit so dünn war – wie sicher ist das Eis, auf dem wir heute leben? Was schützt uns vor dem Einbrechen? Die individuelle Moral? Die gesellschaftlichen und staatlichen Institutionen? Ist das Eis mit dem Ablauf der Zeit dicker geworden, oder hat uns der Ablauf der Zeit nur vergessen lassen, wie dünn es ist?

Es sind Fragen nach den Grundlagen unserer individuellen moralischen Existenz und unseres gesellschaftlichen und staatlichen Zusammenlebens. Es sind Fragen, die gerade nach Jahrzehnten des Lebens in politischer und ökonomischer und auch kultureller und zivilisatorischer Sicherheit wieder beunruhigend und herausfordernd sind. Zugleich sind es aber Fragen, die uns nicht tagtäglich begegnen, die nicht tagtäglich gestellt und beantwortet werden müssen. Vielleicht gibt es auf sie ohnehin keine andere Antwort als die, unser Leben in Verantwortung für das zu leben, was uns gegeben ist: unsere Beziehungen zu anderen Menschen, unsere Arbeit, unsere Institutionen.

Das ist die andere Gefahr, die aus der Beschäftigung meiner Generation mit der Vergangenheit des Dritten Reichs und des Holocaust resultiert: Die Lehre, die wir aus der Vergangenheit gezogen haben, ist eher eine moralische als eine institutionelle. Was wir unseren Eltern, Lehrern, Professoren oder Politikern vorwarfen, war Blindheit, Feigheit, Opportunismus, ehrgeiziges, rücksichtsloses Verfolgen der Karriere, mangelnde Zivilcourage. Mit ihren Vorwürfen wurde individuelles moralisches Versagen gerügt, und in ihnen lag die Verpflichtung auf ein anderes moralisches Verhalten.

Der moralische Anspruch, mit dem die Vorwürfe erhoben wurden, verstand sich daraus, daß mit dem Erheben der Vorwürfe nicht nur das Falsche gerügt, sondern auch das Richtige getan wurde: Es wurde Courage gezeigt. Soweit wir Lehrer geworden sind, hat meine Generation der nächsten beizubringen versucht, zivile und moralische Courage zu zeigen. Dies sei die Lehre aus der Vergangenheit. Es gelte, Courage einzuüben. Es gelte, den Anfängen zu wehren, wenn Courage noch eine größere Chance habe als später. Es gelte, im Fragen, was man selbst in dieser oder jener vergangenen Situation getan hätte, sich auf mögliche kommende Situationen vorzubereiten.

Gewiß lehrt die Vergangenheit auch diese Wahrheit. Aber es ist nur die halbe Wahrheit. Was die Vergangenheit ebenso deutlich bezeugt, ist die völlige Hilflosigkeit individueller Moral beim Fehlen von Institutionen, in denen sie sich anerkannt wissen, an die sie appellieren, auf die sie rechnen kann. Sind Parteien, Gewerkschaften und Verbände, Kirchen und Vereine, Universitäten, Schulen und Gerichte einmal gleichgeschaltet, dann bleibt der widerständigen Moral nur noch die Selbstbewahrung in der riskanten heroischen Geste.

Soweit es in der Vergangenheit des Dritten Reichs und des Holocaust Widerstand gegeben hat, der über diese Geste hinausgegangen ist, hatte er seine Grundlage nicht nur in individueller Moral, sondern in kommunistischer oder sozialistischer Solidarität, christlichem Glauben und kirchlicher Verantwortung, Adels- und Offiziersehre. Die Lehre aus der Vergangenheit gilt – und das haben die Mütter und Väter der Bundesrepublik und des Grundgesetzes noch besser gewußt als meine Generation – ebenso wie der individuellen Moral den gesellschaftlichen und staatlichen Institutionen, in denen die individuelle Moral aufgehoben sein muß, wenn sie im entscheidenden Augenblick die Kraft des Widerstands haben soll. Sie gilt dem Einsatz für sie und in ihnen.

Das heißt nicht, daß das Funktionieren von Institutionen moralisch eigens durchwirkt und überhöht werden müßte; moralisierende Appelle in der Politik, moralisierende Argumente in der Rechtsprechung, das Moralisieren der Kirchen auf allen Feldern des gesellschaftlichen Lebens oder die Erörterung der Verantwortung von Schulen und Universitäten mit moralisierender Emphase sind wieder falsches Erbe der Vergangenheit. In richtig funktionierenden Institutionen versteht sich das Moralische von selbst.

III.

Ist das Bewältigung der Vergangenheit? Das Nachdenken über das, was uns die Vergangenheit über das Leben auf dem Eis lehrt?

Je länger wir mit der Vorstellung leben, die Vergangenheit könne und müsse bewältigt werden, desto paradoxer erweist sie sich. Bewältigung im ursprünglichen und eigentlichen Sinn gibt es bei Aufgaben; sie stehen zunächst vor uns, werden dann bearbeitet und sind schließlich erledigt und bewältigt. Dann sind wir sie los.

Die Vorstellung von der Möglichkeit und Notwendigkeit der Vergangenheitsbewältigung enthält nicht nur die Sehnsucht nach der Freiheit von der Vergangenheit, sondern stützt sogar einen Anspruch darauf. Wie bei jeder Aufgabe erwartet auch hier, wer tüchtig arbeitet, daß die Aufgabe schließlich erledigt ist, und beansprucht, an der einmal bewältigten Aufgabe nicht mehr festgehalten zu werden. Wer tüchtig Erinnerungsarbeit leistet, will nicht mehr an der Vergangenheit festgehalten werden. Wer erinnert, will vergessen dürfen.

Das Paradox wird augenfällig, wenn gerade die besonders vergangenheitssensiblen und erinnerungsengagierten Angehörigen meiner Generation im Ausland wegen der Vergangenheit auf Ablehnung stoßen und empört sind: Nun lassen sie sich so sensibel und engagiert auf die Vergangenheit ein – wie können die anderen sich da unterstehen, sie grollend an ihr festzuhalten.

Zwar ist die Sehnsucht, an einer traumatischen Vergangenheit nicht festgehalten zu werden, nicht abwegig. Abwegig ist aber die Vorstellung, die Fixierung auf die traumatische Vergangenheit verbürge die Befreiung von ihr. Eine kollektive wie eine individuelle Vergangenheit ist traumatisch nicht nur, wenn sie nicht erinnert werden darf, sondern ebenso, wenn sie erinnert werden muß. Fixierung auf die Vergangenheit ist nur die Kehrseite der Verdrängung. Enttraumatisierung ist Erinnern- und Vergessenkönnen, ist ein Ruhenlassen, das gleichermaßen Erinnern und Vergessen einschließt.

Das gilt für die Opfer und ihre Nachfahren nicht anders als für die Täter und ihre Nachfahren, und ganz kann Enttraumatisierung nur gelingen, wenn sie auf beiden Seiten gelingt. Aber daß sie auf der anderen Seite geschieht und gelingt, kann nur erhofft, nicht erwartet werden.

Es gibt keinen Anspruch darauf, daß die andere Seite bei tüchtiger deutscher Vergangenheitsbewältigung ihrerseits die Vergangenheit ruhen läßt. Wie und was sie erinnert und vergißt, wie weit sie sich von der traumatischen Vergangenheit zu befreien versucht, indem sie die Opfer beklagt oder die Täter anklagt oder von deren Nachfahren Entschädigung einklagt, ist ihre Sache. Was auch immer sie tut – wir haben uns darüber nicht zu erheben und nicht zu empören, sondern schulden dem schwierigen Umgang der anderen Seite mit einer Vergangenheit, die unsere Seite zum Trauma gemacht hat, Respekt.

Wir müssen, was die andere Seite tut, anklagt und einklagt, aber auch nicht einfach annehmen. Nicht allein, weil es die andere Seite ist, die anklagt, muß die Anklage stimmen, nicht schon, weil sie einklagt, muß gezahlt werden. Vielleicht gebietet nicht das Recht, aber der Takt und die Rücksicht nicht nur auf die Empfin-

dung der anderen Seite, sondern auch auf die Wahrneh-
mung der Welt, selbst dann zu zahlen, wenn nicht geschuldet wird. Auch das hat dann seine Richtigkeit.
Aber es hat mit unserem eigenen Verhältnis zu unserer
Vergangenheit eigentlich nichts zu tun. Es zeigt an, daß
die Vergangenheit für die andere Seite noch traumatisch
ist, bedeutet aber nicht, daß sie für unsere gleichermaßen traumatisch sein müßte. Enttraumatisierung geschieht zugleich im Dialog und je für sich, und die eine
Seite muß nicht warten, bis sie auf der anderen Seite gelingt. Man kann sich im Warten aufeinander auch wech-
selseitig im Trauma festhalten.

Es gibt keine Bewältigung. Aber es gibt das bewußte
Leben mit dem, was die Vergangenheit gegenwärtig an
Fragen und Emotionen auslöst. An Fragen und Emotionen – natürlich läßt die Vergangenheit uns nicht nur
Fragen stellen, sondern auch die Fassung und die Sprache verlieren, traurig, ängstlich oder wütend werden, an
göttlicher und menschlicher Gerechtigkeit verzweifeln
und an der Schuld leiden, in die sie nicht nur die verstrickt, die damals Täter waren, sondern auch die, die
damals zu- oder weggesehen oder später die Täter unter
sich geduldet haben.

Wo sie allerdings gegenwärtig keine Fragen oder
Emotionen auslöst, da ist damit, daß sie in kleine
Münze gewechselt und ausgegeben wird, nichts gewonnen; in der kleinen Münze ist das moralische Vermächtnis der Vergangenheit vielmehr verspielt und verloren.
Was Drittes Reich und Holocaust die nächsten Generationen nicht fragen und fühlen lassen, das mögen diese
auf andere, eigene Weise erfahren. Ohnehin stellt sich
für sie manches nicht mehr so, wie es sich für die erste

und für meine, die zweite Generation gestellt hat; in die Schuld ist schon die dritte Generation kaum noch verstrickt, und die folgenden Generationen werden es gar nicht mehr sein.

IV.

Abtun läßt sich die Vergangenheit in keinem Fall. Nicht nur weil ihre Furchtbarkeiten so furchtbar sind, daß sie nie vergessen werden können. Nicht nur weil sie uns der Gefährdungen unserer kulturellen und zivilisatorischen Existenz gewahr werden läßt. Sie ist auch der Stoff, der alle moralischen Themen und Probleme birgt. Verantwortung und Gesinnung, Widerstand und Anpassung, Treue und Verrat, Zaudern und Handeln, Macht, Gier, Recht und Gewissen – kein moralisches Drama, das sich nicht als Ereignis dieser Vergangenheit mit hinreichender Nähe zur gegenwärtigen Lebenswelt und mit hinreichender ästhetischer Qualität erzählen läßt.

Anders als die Killing Fields Stalins und Pol Pots sind Holocaust und Drittes Reich Perversionen bürgerlicher Kultur und bieten noch in pervertierter Gestalt deren inhaltliche und formale Universalität. So wird die Flut der Bücher, Filme, Stücke und Veranstaltungen zum Holocaust und zum Dritten Reich noch lange nicht enden, nicht in Deutschland und nicht in der Welt. Auch darin ist die Vergangenheit universal: Holocaust und Krieg sind das letzte historische Ereignis, an dem auf die eine und andere Weise noch mal alle beteiligt waren, Deutsche und Juden, Ost- und Westeuropa, Amerika und sogar Asien und Afrika. Sie sind in besonderer Weise unser aller Geschichte.

Das bedeutet, daß die Vergangenheit nicht vergeht. Auch ohne daß es besonderer Bemühungen und Veranstaltungen bedürfte, auch ohne daß meine Generation das, was sie in den sie prägenden sechziger und siebziger Jahren eingeübt hat, heute wieder und wieder zu reproduzieren hätte, auch ohne daß die nächste Generation der Vergangenheit bis zur Gefahr von Überdruß und Zynismus konfrontiert werden müßte. Gerade weil Drittes Reich und Holocaust allgemeine Dimensionen haben, die nicht vergehen werden, kann ihre Vergangenheit für die nächsten Generationen Geschichte werden.

Wenn ein kollektives wie auch ein individuelles Ereignis Geschichte ist, dominiert es die kollektive beziehungsweise individuelle Biografie nicht mehr, sondern ist in sie integriert. Beim Dritten Reich und beim Holocaust bedeutet es, daß die deutsche Geschichte nicht gesehen wird, als laufe sie auf ebendieses Ereignis hin und erfülle sich in ihm. Daß der deutschen Geschichte nicht nur im Licht dieses Ereignisses Bedeutung für die Gegenwart zuerkannt und sie nicht nur in diesem Licht erinnert und behandelt wird. Daß die im Dritten Reich verleugnete, in den fünfziger und sechziger Jahren marginal und seit den Siebzigern dominant behandelte Literatur der Verfolgung und des Exils literarhistorisch im Kontext und literaturwissenschaftlich nicht nur in ihren Stärken, sondern auch in ihren Schwächen thematisiert wird. Es bedeutet auch, daß die deutschen Institutionen sich nicht die Betreuung und Verwaltung des jüdischen Erbes anmaßen – mit einem Aufwand überdies, zu dem die in Deutschland lebende jüdische Gemeinschaft selbst nicht in der Lage wäre und den sie als problematisch empfindet. Die Dominierung zeigt hier ein zweites Gesicht: Sie verkürzt nicht nur die deutsche Geschichte, sondern vereinnahmt auch die jüdische, und in Gestalt der zahllosen deutschen Gruppen, die inzwischen Klezmer-Musik spielen, verniedlicht sie sie.

Wo die Biografie nicht stimmt, stimmen auch das Selbstbewußtsein und das Verhältnis zu den anderen nicht. Was beim Wunsch der jungen Generation, stolz darauf zu sein, deutsch zu sein, stimmt, ist das Bedürfnis nach einer Biografie, die ein stimmiges Selbstbewußtsein und ein stimmiges Verhältnis zu den anderen trägt. Für die junge Generation kann die Vergangenheit des Dritten Reichs und des Holocaust nicht mehr die Gegenwart sein, die sie für meine Generation ist, und wenn die Vergangenheit von ihr nicht abgetan werden soll, muß sie für sie in der Geschichte aufgehoben werden. Stolz kann man nur auf das sein, was man leistet, nicht auf das, was man ist. Statt der jungen Generation zu versichern, sie habe das Recht, stolz zu sein, und wir seien es auch, schulden wir ihr die Integration der Vergangenheit in die kollektive Biografie. Die Zukunft der Gegenwart der Vergangenheit ist die Geschichte.

edition suhrkamp
»Kultur und Konflikt«

Unter dem Titel »Kultur und Konflikt« ist 1994 eine Publikationsreihe des Forschungsschwerpunktes in der *edition suhrkamp* eröffnet worden, die von Wilhelm Heitmeyer, Günter Albrecht, Otto Backes und Rainer Dollase herausgegeben wird.

Das Gewalt-Dilemma. Gesellschaftliche Reaktionen auf fremdenfeindliche Gewalt und Rechtsextremismus. Herausgegeben von Wilhelm Heitmeyer. es 1905. 464 Seiten

Die bedrängte Toleranz. Ethnisch-kulturelle Konflikte, religiöse Differenzen und die Gefahren politisierter Gewalt. Herausgegeben von Wilhelm Heitmeyer und Rainer Dollase in Zusammenarbeit mit Johannes Vossen. es 1979. 507 Seiten

Bundesrepublik Deutschland: Auf dem Weg von der Konsens- zur Konfliktgesellschaft. Herausgegeben von Wilhelm Heitmeyer. Zwei Bände in Kassette. es 2004 und es 2034. 1138 Seiten

Verlockender Fundamentalismus. Türkische Jugendliche in Deutschland. Von Wilhelm Heitmeyer, Jochen Müller und Helmut Schröder. es 1767. 277 Seiten

Die Krise der Städte. Analysen zu den Folgen desintegrativer Stadtentwicklung für das ethnisch-kulturelle Zusammenleben. Herausgegeben von Wilhelm Heitmeyer, Rainer Dollase und Otto Backes. es 2036. 470 Seiten

Die Bindung der Unverbindlichkeit. Mediatisierte Kommunikation in modernen Gesellschaften. Von Uwe Sander. es 2042. 297 Seiten

Politisierte Religion. Ursachen und Erscheinungsformen des modernen Fundamentalismus. Herausgegeben von Heiner Bielefeldt und Wilhelm Heitmeyer. es 2073. 494 Seiten

Schattenseiten der Globalisierung. Rechtsradikalismus, Rechtspopulismus und separatistischer Regionalismus in westlichen Demokratien. Herausgegeben von Dieter Loch und Wilhelm Heitmeyer. es 2093. 544 Seiten

NF 316/2/11.00